Irmela Erckenbrecht

Teenager auf Veggiekurs

Irmela Erckenbrecht

Teenager auf Veggiekurs

*Vegetarische Lieblingsgerichte
für Jugendliche*

Mit Cartoons von Renate Alf

Inhalt

Danke schön!

»Viele Köche verderben den Brei«, heißt es. Ich aber weiß spätestens jetzt, dass es umso mehr Spaß macht zu kochen, wenn möglichst viele nette junge Leute ihren Senf dazugeben und sich erwartungsvoll um den gemeinsam gedeckten Esstisch drängen.

Herzlichen Dank allen, die zu diesem Projekt beigetragen haben, vor allem: Andy, Anna-Lena, Coco, Deedee, Elena, Georg, Karo, Kira, Kathrin, Kent, Lana, Leon, Lewis, Lilla, Luisa, Luke, Madeleine, Mara, Marvin, Philipp, Sarah, Tim und Toby.

Danke auch für Eure Kommentare, die als Zitate in dieses Buch Eingang gefunden haben.

Hinweis zu den Rezepten

Alle Rezepte ab Seite 24 sind, falls nicht anders erwähnt, für **4 Personen** gedacht. Sind weniger oder mehr Personen zum Essen versammelt, können die Mengen entsprechend angepasst werden.

Die Temperaturen für **Backöfen** gelten, sofern nicht anders angegeben, für Elektroöfen mit Umluftfunktion. Bei Gasbacköfen oder Elektroöfen ohne Umluft bitte die Angaben des Herstellers beachten und die entsprechende Temperatur aus der Bedienungsanleitung entnehmen. Bei Angabe der Garzeiten wird, sofern im Rezept nicht ausdrücklich anders erwähnt, von einem vorgeheizten Backofen ausgegangen.

Damit auch diejenigen, die sich rein pflanzlich (also vegan) ernähren möchten, mitkochen und -essen können, sind als **Alternative zu Lebensmitteln tierischer Herkunft** wie Quark oder Milch oft rein pflanzliche (vegane) Produkte wie Seidentofu oder Sojadrink angegeben. Hier darf jede/r selbst entscheiden, welche Variante gewählt werden soll. Bei der Zubereitung ergeben sich daraus keine Unterschiede.

Bei einigen Rezepten gibt es die Wahl zwischen **selbst gemachten** oder **fertig gekauften** Zutaten (z. B. gegarte Bohnen und Kichererbsen, gegarter Gemüsemais, geschälte Tomaten, Tortillas, Fladenbrot). Logisch, dass Selbstgemachtes besser schmeckt. Aber wenn es schnell gehen muss, dürfen es auch mal gekochte Kichererbsen aus dem Glas oder Tortillas und Pita-Taschen aus der Packung sein. Fürs nächste Mal lohnt es sich dann, früher daran zu denken und z. B. Bohnen oder Kichererbsen rechtzeitig vorzukochen.

Die verwendeten **Abkürzungen** sind:

EL = Esslöffel

TL = Teelöffel

»Wenn mich die Leute fragen: ›Was kannst Du als Vegetarier denn jetzt überhaupt noch essen?‹, sage ich immer: alles!!! Bis auf zwei kleine, nebensächliche Dinge: Fisch und Fleisch ...« (Kent)

Hereinspaziert!

Immer mehr Jugendliche entscheiden sich dafür, vegetarisch zu leben, also kein Fleisch und keinen Fisch mehr zu essen. Aber was essen sie dann? Bei dieser Frage herrscht in den Familien häufig Ratlosigkeit. Die Eltern haben bisher vielleicht nur wenig Erfahrung mit der vegetarischen Küche. Sie sind unsicher, welche Veränderungen sie vornehmen müssen, um den neuen Bedürfnissen ihrer Kinder gerecht zu werden. Oft müssen sie auch erst einmal überlegen, wie sie sich selbst in der neuen Situation verhalten möchten – ebenfalls vegetarisch essen oder einfach so weitermachen wie bisher? Wer will schon zu jeder Mahlzeit zwei Gerichte kochen, eins mit und eins ohne Fleisch? An dieser Stelle ahnen die meisten: Ab sofort sind Kompromisse und vor allem Kreativität gefragt.

In dieser von spannenden Fragen geprägten Zeit neue Wege zu weisen, ist Anliegen dieses Buches. Es stellt vegetarische Gerichte vor, die allen Familienmitgliedern schmecken und den Bedürfnissen junger Leute besonders entgegenkommen. Auf diese Weise haben sowohl die Jugendlichen und auch deren Eltern die Chance, Neues dazuzulernen und ihren Küchenhorizont zu erweitern.

Andere Eltern fragen sich möglicherweise besorgt, ob ihr vegetarischer Nachwuchs auch wirklich alles bekommt, was er an Nährstoffen braucht. Schließlich befindet er sich in einer wichtigen Wachstums- und Entwicklungsphase. Vor allem die Vorstellung, vegetarische Teenager könnten mit Eisen unterversorgt sein, ist für Eltern ein Grund zur Besorgnis. Und auch im Hinblick auf Kalzium und andere wichtige Wachstumsbausteine machen sie sich so ihre Gedanken …

Dieses Buch hält mit kompetenten Informationen dagegen. Anhand der überreich gefüllten vegetarischen Ernährungspyramide auf Seite 23 wird demonstriert, aus welchem Riesenfundus sich vegetarische Teenager und ihre Familien bedienen können. Wenn man sich die Pyramide als Küchenschrank mit großen Schubladen vorstellt, wird dies besonders deutlich.

Dann werden ab Seite 24 die Schubladen aufgemacht: In rund 160 leckeren, jugendprobten Rezepten wird fleißig gemixt und kombiniert. Und am Ende des Buches befinden sich ab Seite 174 für alle, die es noch etwas genauer nachlesen wollen, Informationen über die einzelnen Nährstoffe und was es aus ernährungswissenschaftlicher Sicht im Teenageralter zu bedenken gilt.

Aber auch die Jugendlichen selbst suchen nach neuen Wegen. Einerseits möchten sie bestimmte, altgewohnte Lieblingsgerichte nicht missen. Zum Glück sind einige davon sowieso vegetarisch. Aber wie sieht es mit bisherigen Lieblingsgerichten wie Bratkartoffeln mit Würstchen, Erbsensuppe mit Speck oder Omas Kohlrouladen aus? Gibt es dafür vegetarische Alternativen? Und was ist mit all den unkomplizierten Snacks und Schnellgerichten, die Jugendliche cool finden und ganz besonders gern mögen? Chips und Nachos zum Beispiel, Döner und Hamburger, Pita-Taschen und Wraps?

Ja, es gibt vegetarische Alternativen zu all diesen Speisen, und zwar nicht zu knapp, lautet die ermutigende Antwort. Und das Tolle ist: Alles lässt sich ganz einfach selbst zubereiten – bunt und lecker, nahrhaft und frisch!

Dieses Buch verrät, wie es geht, und zeigt vegetarischen Teens, wie sie das, was sie am liebsten mögen, auf den Tisch bringen können: Nudeln und Pizzen, Burger und gefüllte Teigtaschen, Wraps und Kartoffeln – und sogar die Hits von Omas ewiger Bestenliste.

Mit dieser Aussicht wächst bei Teenagern eine ganz neue Lust zu kochen – mit den Eltern, mit den Freundinnen und Freunden oder auch für sich allein. Ganz egal, wer alles mit in der Küche werkelt – die Rezepte in diesem Buch schmecken vegetarischen ebenso wie nicht-vegetarischen Familienmitgliedern und eignen sich für Partys ebenso wie für den Familientisch.

Also: Nur hereinspaziert in meine vegetarische Familienküche – spannende Koch- und Esserlebnisse erwarten vegetarische Teens, ihre Familien und ihre Freunde!

Viel Spaß dabei wünscht

Irmela Erckenbrecht

Was Veggie-Teens wollen

Lecker essen und kochen

Einem gängigen Vorurteil vieler Erwachsener zufolge leben Teenager erstens hauptsächlich von Pizza und Pommes und lümmeln zweitens den halben Tag in irgendwelchen Fast-Food-Restaurants herum. Beides stimmt nicht! Die Bandbreite ihrer Lieblingsgerichte ist sehr viel größer als gedacht. Zwar schätzen viele Jugendliche Fast-Food-Lokale durchaus als zentral gelegene Treffpunkte, an denen sich zum Taschengeldpreis unkompliziert im Kreis der Clique quatschen und essen lässt. Das bedeutet aber nicht, dass man ihr Essverhalten insgesamt mit Fast Food gleichsetzen kann.

Im Gegenteil: Eine vom Bundesministerium für Ernährung, Landwirtschaft und Verbraucherschutz veröffentlichte Studie zeigt, dass 80 Prozent der deutschlandweit befragten Kinder und Jugendlichen im Alter von 8 bis 18 Jahren am liebsten zu Hause, und zwar frisch gekochte Mahlzeiten essen. 70 Prozent finden es »interessant«, selbst zu kochen, 40 Prozent sogar »cool«. Nur 13 Prozent erscheint es »kompliziert«, nur sieben Prozent gar »langweilig«.

Wer hätte das gedacht? Kochen ist bei Jugendlichen beliebt! Und dann noch das: Über zwei Drittel der Befragten würden gern in der Schule kochen lernen. Leider hat jedoch nur jeder Fünfte bisher schon einmal in der Schule Kochunterricht gehabt. Müsste da nicht dringend etwas geschehen?

Mädchen und Jungen haben beim Kochen unterschiedliche Vorlieben. Bei Mädchen ist »das Ausprobieren neuer Rezepte, das Einkaufen der Lebensmittel und das Schälen von Gemüse und Obst« beliebt, Jungs interessieren sich besonders für den Einsatz elektrischer Geräte. Mit einer geschickten Arbeitsteilung – und einem möglichst häufigen Rollenwechsel! – ließe sich da doch einiges machen! Immerhin drei Viertel geben an, mit Anleitung einige Gerichte kochen zu können, über die Hälfte kochen sogar ohne jede Hilfestellung. Dies trifft vor allem auf die 14- bis 18-Jährigen zu. Die meisten von ihnen (70 Prozent) kochen zumindest gelegentlich mit der Familie, viele (44 Prozent) aber auch immer wieder mal allein und andere (26 Prozent) am liebsten mit ihren Freundinnen und Freunden.

All diese Wünsche, Vorlieben und Bedürfnisse gilt es, unbedingt zu erfüllen. Was leicht zu kochen ist, appetitlich aussieht, gut riecht und lecker schmeckt, kommt immer an.

Vegetarisch leben

Viele junge Leute möchten kein Fleisch mehr essen. Angesichts der heutigen Massentierhaltung tun ihnen die Tiere leid. Eine pflanzlich orientierte Kost erscheint ihnen da viel menschlicher. Auch über die ökologischen Zusammenhänge bei der Lebensmittelproduktion machen Jugendliche sich häufig Gedanken. Regenwälder abzuholzen, um Futtermittel für Schlachttiere anbauen zu können, wirkt auf sie unsinnig und bedrohlich. Sie sind es, die in Zukunft auf diesem Planeten leben werden. Sie wollen ihn schützen und erhalten. Dazu gehört der Wunsch, aus dem System des Raubbaus an der Natur auszusteigen. »Ohne mich!«, lautet ihre Devise. Der Entschluss, dabei nicht mitzumachen, ist Teil ihres der Zukunft zugewandten Lebensgefühls.

Noch deutlicher äußert sich dies in dem Wunsch, überhaupt keine Lebensmittel tierischen Ursprungs mehr zu sich zu nehmen – auch keine Milchprodukte und keine Eier – und sich vegan zu ernähren. Auch dies wird bei Jugendlichen immer beliebter.

Die Abkehr vom Hergebrachten und von der Erwachsenenwelt spielt ebenfalls eine große Rolle. »Wir machen es anders«, ist die Botschaft, die dahintersteckt und zum Jugendalter gehört, seit es Menschen gibt. Bei der Suche nach dem eigenen Standpunkt im Leben ist auch die Ernährung wichtig. Sie ist Ausdruck bewusster Entscheidung und der eigenen Persönlichkeit.

Viele Jugendliche finden die vegetarische Kost aber auch schlicht leckerer. Und natürlich spielen auch Vorbilder eine große Rolle. Manche haben vegetarische Eltern oder Geschwister, andere sind Teil einer fleischlos glücklichen Clique. Die vegetarische Idee kann durchaus ansteckend sein!

Gesundheitliche Vorteile mitnehmen

Dass die vegetarische Ernährung für sie viele Vorteile hat und der eigenen Gesundheit nützt, nehmen Jugendliche eher beiläufig in Kauf. Bei der eingangs zitierten Umfrage erklärten 54 Prozent, sich nur dann gesund ernähren zu wollen, wenn es auch wirklich lecker schmeckt.

Gesundheitliche Fragen sind Jugendlichen weniger wichtig als ihren Eltern, die sich häufig Sorgen machen, wenn ihre Kids plötzlich Fleisch und Fisch vom Speiseplan streichen. Die Befolgung einiger Grundregeln vorausgesetzt, hat die vegetarische Kost für Jugendliche jedoch eher Vor- als Nachteile.

Je mehr zu diesem Thema geforscht und veröffentlicht wird, desto deutlicher wird diese Tatsache. Vor allem ist bei Vegetarierinnen und Vegetariern das Risiko, langfristig eine der sogenannten Zivilisationskrankheiten (z. B. Diabetes, Herz-Kreislauf-Erkrankungen, bestimmte Krebsarten) zu bekommen, geringer. Die Entstehung dieser Krankheiten geht nämlich vor allem auf die veränderten Essgewohnheiten in den Industrieländern zurück: Die ursprünglich kohlenhydratreiche, überwiegend pflanzliche Kost wurde von einer fettreichen, fleischlastigen Nahrung verdrängt. Diesem Trend wirkt die vegetarische Ernährung entgegen.

> »Vor sechs Jahren beschloss ich, Vegetarierin zu werden. Alle sagten, das sei nur eine Phase. Nein, es ist ein Lebensstil! Das haben inzwischen auch meine Eltern eingesehen und entdeckt.« (Luisa)

Alle gesundheitlichen Vorteile der vegetarischen Kost fallen übrigens umso stärker aus, je länger man vegetarisch lebt – ein weiteres Argument dafür, schon in der Jugend damit zu beginnen.

Diäten sparen

Einen anderen Gesundheitsnutzen der vegetarischen Lebensweise nehmen Jugendliche – vor allem Mädchen – allerdings gerne mit: Weil sie so viel Vollkornprodukte, Obst und Gemüse essen, haben Vegetarierinnen und Vegetarier seltener Übergewicht. Eine vollwertig ausgerichtete vegetarische Ernährung macht Diäten überflüssig. (Wie wichtig dies in einer auf Diäten fixierten Welt wie unserer gerade für Jugendliche ist, werden wir auf Seite 188 noch sehen.)

Das Fatale ist ja, dass man mit Diäten langfristig oft genau das Gegenteil von dem erreicht, was man eigentlich vorhatte: Der Körper schaltet, wenn er weniger zu essen bekommt, auf Hungersnot um, spart beim Verbrauch und legt, sobald man wieder wie vorher zu essen beginnt, erst recht Reserven für die nächste Notzeit an. Weil das Gewicht dabei erst herunter, dann aber wieder hoch (und vielfach sogar höher als vorher) steigt, spricht man von einem »Jo-Jo-Effekt«. Gleichzeitig wird bei einer Diät das natürliche Hunger- und Sättigungsgefühl abtrainiert. Die ständige Beschäftigung mit dem eigenen Gewicht und dem Kaloriengehalt des Essens verdirbt im wahrsten Sinne den Appetit. All das sind schlechte Voraussetzungen für ein entspanntes und ungestörtes Essverhalten. Bei der vegetarischen Vollwertkost dagegen braucht niemand Kalorien zu zählen. Wer die Grundregeln beachtet, entwickelt langfristig meist ganz von selbst ein gesundes Wohlfühlgewicht.

Spaß beim Essen haben

Junge Leute wollen Spaß beim Essen. Steif herumzusitzen und nach unsinnigen Regeln langweilige Gerichte in sich hineinzuschieben, ist nicht ihr Ding. Sie wollen mit Gleichaltrigen zusammen sein, sich in einschlägigen Restaurants treffen oder beim Stadtbummel Snacks aus der Hand essen.

Dann wieder wollen sie die Füße unter den Tisch der Eltern strecken und sich nach Herzenslust bekochen lassen. An manchen Tagen ist es ihnen wichtig, dass es dabei möglichst »wie bei Muttern« schmeckt. An anderen Tagen regen sie an, am eigenen Herd doch endlich einmal etwas

Neues auszuprobieren, sich anderen Länderküchen zu öffnen oder Trendgerichte nachzukochen. Werden ihre Ideen bereitwillig umgesetzt, sind sie leichter dazu zu bekommen, in der Küche selbst mit Hand anzulegen.

> **»Fleischlos essen ist gesünder. Das kann auch ein wichtiger Grund sein, vegetarisch zu leben. Für mich ist Gesundheit aber eher unwichtig.« (Karo)**

Immer wieder einmal haben sie aber auch Lust darauf, die heimische Küche ganz in Beschlag zu nehmen und für sich und ihre Freunde zu kochen. Die Eltern dürfen da gerne draußen bleiben. Und siehe da: Wenn man sie lässt, machen sie plötzlich all das, was sie laut Erwachsenenmeinung nie tun: Sie geben sich Mühe beim Tischdecken, sorgen für die passende Deko, stellen mit Liebe ein leckeres Menü zusammen und kochen durchaus gesund (aber das, was ihnen schmeckt). Sogar von Kochmarathons hört man gelegentlich: Reihum wird gekocht, die Gäste dürfen bewerten und wer am Ende die meisten Punkte hat, darf sich feiern lassen.

Bei allen Kochaktionen ihrer Kids haben die Erwachsenen eine wichtige Aufgabe: sich herauszuhalten. Natürlich gibt es einige Regeln abzuklären (z. B. hinterher die Küche wieder aufzuräumen). Wie es aber zwischendurch in der Küche aussieht und was dort geschieht, geht die Erwachsenen nichts an!

Neues ausprobieren

Teenager sind gegenwartsorientiert. Sie wollen Genuss im Hier und Jetzt, wollen moderne, trendige Gerichte und keinen belehrenden, rückwärtsgewandten Museumsunterricht in der häuslichen Lehrküche. Einige traditionelle Gerichte, die sie an ihre Kindheit erinnern, schätzen sie durchaus. Vor allem außer Haus aber sind sie auf Neues aus und haben dadurch auch eine wichtige Funktion als gesellschaftliche Trendsetter.

So ist zum Beispiel das Snacken ein ursprünglich jugendtypisches Essverhalten, das unsere Gesellschaft nachhaltig prägt. Hütern der alten Ordnung galt es lange als Verlust der Esskultur, inzwischen ist es Vorreiter eines Essverhaltens, das in allen Altersgruppen beliebt und immer mehr auf dem Vormarsch ist.

Snacken ist viel spontaner und unverbindlicher als eine herkömmliche Mahlzeit. Dem aufkommenden Hunger unterwegs lässt sich mit seiner Hilfe ganz unkompliziert beikommen. Für das Snacken bedarf es keiner Terminabsprache und keiner langwierigen Vorbereitungen. In der Gruppe schafft es auf der Stelle Gemeinschaftsgefühl und Gemütlichkeit. Es kann »nebenbei« geschehen, lässt also durchaus auch noch andere Aktivitäten zu, fördert das gemeinsame Erleben und ein Gefühl der Zugehörigkeit. All das mögen Jugendliche und bewerkstelligen häufig über das außerhäusliche Snackverhalten die Ablösung vom Familienesstisch.

Trotzdem halten sie in einem gewissen Rahmen gern an den gemeinsamen Familienmahlzeiten fest. Sie brauchen beides und fühlen sich am wohlsten, wenn sie unkompliziert mal das eine, mal das andere genießen dürfen. Entgegen kommt den Veggie-Teens dabei, dass selbst die großen Fast-Food-Restaurants, die sie zumindest zeitweise als zentral gelegene, zwanglose Treffpunkte schätzen, heute längst ausnahmslos vegetarische Alternativen zu ihren fleischlastigen Standardgerichten im Programm haben.

Über Tellerränder schauen

Ähnliches gilt für kleine Schnellrestaurants, die keiner Kette angehören und die vielfältigsten ausländischen Spezialitäten anbieten. Dank ihrer Neugier, Offenheit und Experimentierfreude werden junge Leute von solchen Imbissen fast magnetisch angezogen – sei es nach der Schule, beim Stadtbummel oder nach dem Kinobesuch. Viele Cliquen haben ihr eigenes Stammlokal, wo man sie kennt und freudig kumpelhaft begrüßt. Das macht Spaß und steigert die Vorfreude auf schmackhafte Schnellgerichte, die sich vom Taschengeld bezahlen und im Kreis der Freundinnen und Freunde von der Hand in den Mund essen lassen.

Gerade durch ihre Vorliebe fürs multikulturelle Essen haben Jugendliche in den letzten Jahren enorm zur Vielfalt des heutigen Angebots beigetragen. Ob vegetarischer Döner, Dürüm oder Falafeltasche – vieles, was anfangs noch exotisch war, hat in unsere Alltagskultur längst Eingang gefunden. Vor allem aber sind all diese Gerichte feste Bestandteile eines Lebensgefühls, das Jugendliche selbstbestimmte Kaufentscheidungen treffen, eigene Essgewohnheiten herausbilden und eine als besonders angenehm empfundene Gruppenzugehörigkeit entwickeln lässt.

Wer all dies ablehnt oder ausblendet, ignoriert die Realität. Viel sinnvoller ist es, die neuen Trends positiv aufzugreifen und für sich zu nutzen: Wie macht man einen Döner? Wie werden Falafel hergestellt? Saftige Sandwiches? Bunte Wraps? Können wir das nicht mindestens ebenso gut hinbekommen?

Zeigt man freundliches Interesse, lassen sich die meisten Imbissbetreiber erfahrungsgemäß ausgesprochen gern bei der Zubereitung ihrer Spezialitäten über die Schultern schauen. Anschließend wird das Gesehene dann in der heimischen Küche umgesetzt. Dabei reift die erstaunliche Erkenntnis: All diese Gerichte lassen sich in der vegetarischen Variante mit lauter gesunden, frischen Zutaten herstellen. Knackige Salate und buntes Gemüse erweisen sich als Hauptzutaten. Und zu Hause kann man auch noch besser darauf achten, dass immer gutes Fett und nicht bloß weißes Mehl verwendet wird.

Nach dieser Methode kann die ganze Familie positive Erfahrungen der Jugendlichen aufgreifen und beim gemeinsamen Genusstraining können selbst die Eltern noch etwas dazulernen. Am Ende werden Döner, Wraps & Co. zu ebenso gesunden wie beliebten Ergänzungen der Familienküche. Auf diese Weise profitieren alle von dem frischen Schwung, den Teenager auf Veggiekurs in die Familie bringen.

Toleranz in der Familie spüren

Vegetarische Jugendliche wünschen sich von ihren Eltern und Geschwistern, dass diese ihren Wunsch, vegetarisch zu leben, respektieren und sie bei dessen Verwirklichung unterstützen, statt sie ständig zu kritisieren. Dafür ist es notwendig, über die Beweggründe zu sprechen und die Entscheidung ernst zu nehmen. Gleich darauf ist Informationsbeschaffung angesagt. Was essen vegetarisch lebende Menschen und warum? Wie decken sie ihren Nährstoffbedarf? Und was könnten wir in Zukunft kochen, sodass es allen schmeckt?

In diesem Buch finden sich Antworten auf alle diese Fragen. Die vegetarische Ernährungspyramide auf Seite 23 zeigt, welch große Auswahl an leckeren Lebensmitteln zur Verfügung steht. Der Rezeptteil wiederum lässt sich prima als Grundlage für die gemeinsame Küchenpraxis nutzen. Am besten blättern alle Familienmitglieder ausgiebig darin herum und kreuzen alles an, was sie hungrig und neugierig macht. Dann kann bei nächster Gelegenheit probegekocht und nach Herzenslust herumexperimentiert werden.

Akzeptanz und Gelassenheit sind wichtige Prinzipien, die in dieser Situation zum Tragen kommen. Wie die anderen Familienmitglieder sich entscheiden – ob sie sich kurzerhand selbst dem vegetarischen Lebensstil anschließen oder lieber zweigleisig fahren –, ist gar nicht so wichtig. Viel bedeutender ist, dass die jeweiligen Grenzen offen ausdiskutiert und im gegenseitigen Einvernehmen gezogen werden.

Manche Familien mit vegetarischen und nicht-vegetarischen Mitgliedern regeln es so, dass die gemeinsam eingenommenen warmen Mahlzeiten immer vegetarisch gekocht werden. So können alle mitessen und die Fleischesserinnen und Fleischesser können sich zu anderen Zeiten schadlos halten. Ein wenig umständlicher, aber durchaus praktikabel ist es, vermehrt solche Gerichte auszuwählen, die sich in mehreren Varianten zubereiten lassen, z. B. Pizza mit mehreren Belägen oder Aufläufe in zwei Auflaufformen. Besonders bewährt hat sich meiner Erfahrung nach auch das Kochen nach dem »Baukastenprinzip«: Die verschiedenen Bestandteile einer Mahlzeit werden nicht alle zusammen, sondern getrennt gegart und serviert, sodass sich alle Familienmitglieder auf ihren Tellern ihre ganz persönliche Mahlzeit zusammenstellen können (zum Beispiel aus verschiedenen Gemüsearten, einer Fleischzutat, einem Sojaprodukt und einer vegetarischen Sauce). Die

Methode wirkt auch friedens-
stiftend, wenn manche Familienmitglieder bestimmte
Gemüsearten nicht mögen,
die sie dann einfach weg-
lassen können.
Eine sehr nette Aktion ist
es, gemeinsam einen vegetarischen Kochkurs zu belegen.
Beim geselligen Kochen mit
andern bekommt man ganz leicht
neue Ideen und Anregungen. Auch
in meinen Kochkursen treffe ich immer
wieder auf Fleisch essende Eltern, die sich
mit ihren vegetarischen Teenagern anmelden und
dann gemeinsam mit viel Spaß in den Kochtöpfen rühren.

> «Wenn die ganze Familie zusammen essen
> geht, suchen wir uns ein ausländisches
> Restaurant, zum Beispiel ein italienisches
> oder chinesisches. Da gibt's genug mit und
> ohne Fleisch, da finden alle etwas, das sie
> mögen. Genauso mache ich es, wenn ich mit
> Freunden oder einem Mädchen verabredet
> bin. Kennen mich die Leute noch nicht,
> erwähne ich gleich mal ganz sachlich in
> einem Nebensatz, dass ich Vegetarier
> bin. Dann kann es später gar nicht
> erst zu peinlichen Situationen
> kommen.« (Philipp)

Mal mit der Familie, mal mit der Clique essen

Bei allen Vorteilen, die das »Hotel Mama« bietet – junge Leute wollen auf
eigenen Beinen stehen. Sie bereiten sich gern selbstständig Mahlzeiten zu,
weil sie dann selbst entscheiden können, was, wann und wie viel sie essen
möchten. Einfach nachzukochende Rezepte von Lieblingsgerichten sind
also immer gefragt.

Wichtig ist, dass diese Rezepte leicht umzusetzen sind. Beliebt ist, was
schnell zubereitet ist und dabei prima schmeckt. Das Essen hat für Jugendliche häufig eine andere Bedeutung als für Erwachsene. Sie brauchen dafür
weniger äußerliches »Brimborium«, können es auch mal ganz nebenbei
stattfinden lassen. »Hauptsache es schmeckt und macht satt«, lautet eine
typische Teenager-Aussage.

Gleichzeitig schätzen sie das gesellige Essen mit den Freundinnen und
Freunden und lösen sich dadurch vom Familientisch. Der Einfluss der
Gleichaltrigen wird immer stärker. Jugendliche achten sehr darauf, welche
Speisen gerade als cool und angesagt gelten. Pommes Frites zum Beispiel
sind in Wirklichkeit mehr als frittierte Kartoffelstäbchen. Sie sagen auch
etwas über ihre Esser aus.

»**Warum ich Vegetarierin geworden bin?** Nicht wegen irgendeinem Ekelfilm, sondern mehr oder weniger einfach so. Irgendwie nach dem Motto ›Erst handeln, dann denken.‹ Nicht immer die beste Reihenfolge, in diesem Fall jedoch schon.« (Karo)

Was, wie und wo Jugendliche essen, wird zu einem Teil ihrer Persönlichkeit und dient gleichzeitig der Abgrenzung von den Erwachsenen. Das Essen mit der Clique wird zum Event, der Spaßfaktor steht im Vordergrund. Typische Teenager-Lieblingsgerichte haben Symbolkraft und ein gutes Image bei Menschen unter 20. Wer sie isst, zeigt damit gleichzeitig, dass er dazugehört.

Am Ende zieht es viele Jugendliche aber immer wieder an den Familientisch. Beim Essen in der familiären Gemeinschaft finden Austausch und Beziehung statt und das wissen Teenager durchaus zu schätzen. Außerdem brauchen sich Jugendliche zu Hause, anders als in der Clique, nicht ständig zu beweisen und können deshalb leichter »locker lassen«. Bei der bereits zitierten Studie sagten 80 Prozent, es sei ihnen wichtig, gemeinsam mit ihrer Familie zu essen. Nur 20 Prozent meinten, die Familienmahlzeiten seien ihnen im Grunde egal.

Die gelegentliche Anziehungskraft des heimischen Herds wirkt umso stärker, wenn es gelingt, die Lieblingsgerichte der Jugendlichen in den Kochplan der Familie einzubeziehen. Genau aus diesem Grund ist es auch so wichtig, immer im Gespräch zu bleiben. »Was isst du besonders gern?«, »Was esst ihr, wenn du mit deinen Freundinnen und Freunden unterwegs bist?«, »Was würdest du selbst gern mal kochen können?«, »Was könnten wir heute/morgen/am nächsten Wochenende mal ausprobieren?« All das sind Fragen, die zu stellen sich lohnt.

Lieblingsgerichte kochen

Was essen Teenager am liebsten? Die Liste der wissenschaftlich ermittelten Top 5 wird niemanden überraschen:

○ Nudeln
○ Pizza
○ Pommes Frites
○ Burger
○ Kartoffelchips/Popcorn

Das ist gut zu wissen, denn wie wir sehen werden, lassen sich all diese Lieblingsgerichte ohne großen Aufwand aus frischen Zutaten selbst herstellen. Für sie alle sind jedenfalls in diesem Buch die unterschiedlichsten Rezepte zu finden, die sich ganz leicht nachkochen lassen. Auch wenn viele Jugendliche diese Gerichte bisher vielleicht nur in der Tiefkühl- oder Fast-Food-Variante kennen – wir können sie mindestens ebenso gut, meist sogar besser selbst kochen und dabei mindestens so viel Spaß haben! Wetten, dass viele davon nicht nur den Jugendlichen, sondern auch ihren Eltern schmecken?

Denken wir nur an die Nudeln, die auf der Teenager-Hitliste ganz oben stehen. Spaghetti mit Tomatensauce können da nur der Anfang sein. Gerade auf dem vegetarischen Speisezettel gibt es unendlich viele Variationsmöglichkeiten: saftige Nudelaufläufe, knackige Nudelsalate, gefüllte oder gebratene Nudeln und, und, und. Für alle Nudelfans kann es da nur heißen: Ärmel hochkrempeln und ab in die Küche – es gibt dort eine ganze Welt köstlicher Nudelgerichte zu entdecken!

An der Pizza, der Listenzweiten, zeigt sich, dass Teenager besonders mögen, was sie bevorzugt außer Haus mit Gleichaltrigen verzehren. Pizzataxis sind beliebt, weil bei der Bestellung jeder aktiv bestimmen und den Belag frei wählen kann. Dieser Effekt lässt sich für die heimische Pizzapraxis natürlich besonders gut ausnutzen.

Schade nur, dass viele lediglich die fertig belegte Tiefkühlpizza kennen, die zu Hause nur kurz im Ofen aufgebacken wird. Mit einem frischen Lebensmittel hat sie nicht mehr viel gemein. Dabei ist es gar nicht schwer – und dauert auch gar nicht viel länger –, eine Pizza selbst zu machen. Dass dabei so gut wie jeder individuelle Lieblingsbelag zum Zuge kommen kann, macht es umso schöner.

Ähnliches gilt für den Burger, der sich – je nach persönlichem Geschmack – quasi beliebig variieren und mit frischen Zutaten wunderbar aufpeppen lässt. An Rezepten für vegetarische Burger gibt es eine so große Bandbreite, dass ich das dazugehörige Kapitel »Die wunderbare Welt der Veggieburger« betitelt habe. Aber auch für Pommes Frites, Kartoffel- und Tortillachips oder Popcorn hält dieses Buch die leckersten Rezepte parat.

Eine gute Nachricht hat die Wissenschaft darüber hinaus auf Lager: Anders als vielleicht erwartet, mögen über 90 Prozent der Jugendlichen frisches Obst und Gemüse. Die Voraussetzungen für eine leckere Versorgung mit vegetarischen Köstlichkeiten sind also gar nicht so schlecht!

Gut zu wissen ist aber auch, dass es aus Sicht der Jugendlichen nicht nur coole, sondern auch »peinliche« Speisen gibt. Auch darüber sollte in der Familie immer wieder einmal gesprochen werden. Laut einer Studie gehören in diese Rubrik zum Beispiel Eintopf und Spiegelei. Beides sollten Eltern deshalb möglichst nicht gerade dann servieren, wenn die Freundinnen und Freunde der Kinder zu Besuch sind. Ziemlich unvorteilhaft wäre in dieser Situation auch die Bemerkung: »Aber Schatz, das isst du doch sonst immer so gern …!«

Aus dem Vollen schöpfen

Wer sich für den vegetarischen Kurs entschieden hat, soll nicht um das Fleisch herum essen müssen. Beim Kochen und Bekochen in der vegetarischen Teenagerküche gilt also ein einfaches Grundprinzip: immer an den Lieblingsgerichten orientieren und dabei aus dem Vollen schöpfen!

Welches schier endlose Repertoire leckerer Lebensmittel sich dabei anbietet, zeigt auf sehr anschauliche Weise die Ernährungspyramide des Vegetarierbundes (VEBU).

Betrachten wir sie wie einen großen, üppig befüllten Küchenschrank: Schon auf den ersten Blick wird klar, dass von Mangel und Verzicht keine Rede sein kann. Obst und Gemüse im Überfluss, Getreideprodukte, Kartoffeln und Hülsenfrüchte in großer Auswahl, gute Fette, Eier und Milchprodukte stehen uns zur Verfügung. Schokolade und andere Süßigkeiten stehen an der Spitze der Pyramide. Aus diesem Angebot können wir uns nach Herzenslust bedienen, wenn wir kochen und backen, Frühstück und Abendbrot zubereiten oder die Pausendose füllen.

Die vegetarische Ernährungspyramide des VEBU zeigt auf einen Blick, wie das Essen zusammengestellt sein sollte. *(Wissenschaftliche Konzeption: Dr. Markus Keller, Prof. Dr. Claus Leitzmann)*

Die Pyramide sagt uns auch, welche Lebensmittel wir häufig benutzen sollten (die an der breiten Basis) und mit welchen wir lieber sparsam umgehen sollten (die an der Spitze). Wer sich grob an diese Vorgaben hält, braucht sich über die Versorgung mit lebenswichtigen Nährstoffen gar keine Sorgen zu machen. Die abwechslungsreiche Kombination all dieser Lebensmittel sorgt ganz von allein dafür, dass Jugendliche alles bekommen, was sie brauchen (siehe auch Seite 174).

Am Fundament der Pyramide ist dargestellt, wie wichtig das Trinken ist – am besten Wasser, Saftschorle oder Tee. (Im Kapitel »Getränke« ab Seite 150 finden sich Rezepte für selbst gemachte Eistees und andere leckere Durstlöscher.)

Auch Sport und Bewegung haben eine eigene, breite Zeile. Die Vielzahl der dargestellten Aktivitäten zeigt: *Move your body* – egal wie!

Rezepte

Nudeln, immer wieder Nudeln

Nudeln stehen bei vielen Teens auf der Wunschliste ganz weit oben. Und das mit Recht, denn sie lassen sich ausgesprochen gut mit Gemüse, Kräutern und anderen guten Zutaten kombinieren. Es muss ja nicht unbedingt die Fertigsauce aus der Tüte oder Dose sein. Es gibt so viele tolle Nudelvariationen, die sich ganz leicht und schnell nachkochen lassen. Während die Nudeln garen, wird die Sauce zusammengerührt und ein bisschen Salat zusammengemixt – schon ist ein vollständiges und vollwertiges Essen fertig!

Außerdem sind Nudeln wertvolle Lebensmittel – vor allem, wenn es Vollkornnudeln sind. Sie liefern jede Menge Ballaststoffe und komplexe Kohlenhydrate. Und sie machen wunderbar satt.

Hier eine ganze Latte bewährter Lieblingsgerichte.

Spaghetti mit Tomatensauce

Für viele die Mutter aller Nudelgerichte und bei allen Altersstufen gleichermaßen beliebt. Mit einer Sauce aus gartenfrischen, reifen Tomaten trotz der Schlichtheit des Rezepts eine echte Köstlichkeit. Unbedingt einen guten Parmesankäse besorgen und erst kurz vor dem Servieren reiben!

O Spaghetti nach der Packungsangabe in reichlich Salzwasser bissfest kochen und abtropfen lassen.

O In der Zwischenzeit für die Sauce die Tomaten in eine hitzefeste Schüssel legen, kreuzweise einritzen und mit kochendem Wasser übergießen. Die Haut ablösen, die Stängelansätze herausschneiden und die Tomaten in grobe Stücke zerteilen.

O Zwiebel und Knoblauch in Butter oder Margarine glasig dünsten.

O Tomatenstücke und Thymianblättchen zu den Zwiebeln geben und etwa 15 Minuten einkochen lassen.

O Die Sauce mit Salz, Pfeffer und einer Prise Zucker abschmecken und mit Spaghetti und Parmesan servieren.

500 g Vollkornspaghetti
Salz
Wasser zum Kochen
der Spaghetti

Für die Sauce:
1 kg reife Tomaten
heißes Wasser zum
Überbrühen
1 Zwiebel,
geschält und gehackt
1 Knoblauchzehe,
geschält und zerdrückt
2 EL Butter
oder Margarine
1 Zweig frischer oder
½ TL getrockneter
Thymian
Salz
Pfeffer
Roh-Rohrzucker

50 g Parmesan,
frisch gerieben

»Nudeln mit TS kann ich immer essen – sogar zum Frühstück! Für mich gibt's einfach nichts Leckereres. Mit Basilikum in der Sauce finde ich sie am besten.« (Lewis)

Spaghetti Aglio et Olio

Einfacher geht's kaum – und leckerer auch nicht! Für alle, die Knoblauch mögen, ein echter Traum!

500 g Vollkornspaghetti
Salz
Wasser zum Kochen
  der Spaghetti
5 EL Olivenöl
4 Knoblauchzehen
Pfeffer

○ Spaghetti nach der Packungsangabe in reichlich Salzwasser bissfest garen.

○ Olivenöl in einer großen Pfanne langsam erhitzen. Die Knoblauchzehen schälen und in dünne Scheibchen schneiden.

○ Die Knoblauchscheiben im heißen Öl sanft braten, bis der Knoblauch bräunlich wird.

○ Nudeln abgießen und gut abtropfen lassen, zum Knoblauch in die Pfanne geben, gründlich vermischen. Zum Schluss mit Salz und Pfeffer würzen.

Tipp:
Wer mag, kann ein halbes Bund fein gehackte, glatte Petersilie und/oder eine getrocknete, zerstoßene Chilischote mit ins heiße Öl geben. Auch einige schwarze Oliven, getrocknete Tomaten oder frische Basilikumblätter können das Ganze schön verzieren und geschmacklich bereichern.

Nudel-Reis-Cremetopf

Cremig und sättigend. Perfekt mit einem frischen, grünen Salat!

○ Nudeln in reichlich Salzwasser bissfest garen und abgießen.

○ Reis in das im separaten Topf aufgesetzte, kochende Wasser einstreuen und nach Angabe auf der Packung im köchelnden Wasser garen. Anschließend mit den Nudeln mischen.

○ Zwiebelwürfelchen im Öl glasig dünsten, erst das Wasser, dann die gleiche Menge Milch oder Sojadrink zugießen und zum Kochen bringen.

○ Sauce vom Herd nehmen und Gemüsebrüheextrakt und Frischkäse einrühren.

○ Käsesauce mit Kräutersalz und Pfeffer abschmecken und unter die Nudel-Reis-Mischung ziehen.

150 g Vollkorn-
Fadennudeln
Salz
Wasser zum Kochen
der Nudeln
80 g Langkorn-Naturreis
500 ml Wasser
1 Zwiebel, geschält
und fein gehackt
1 EL Sonnenblumenöl
150 ml Wasser
150 ml Milch
oder Sojadrink
1 TL Gemüsebrüheextrakt
100 g Kräuterfrischkäse
Kräutersalz
Pfeffer

Essen ist fertig!

Makkaroni mit Brokkoli

Nudeln und Gemüse sind ein starkes Team. Besonders schnell geht es, wenn man beide gemeinsam gart. Ebenso gut wie mit Brokkoli klappt das z. B. auch mit grünen Bohnen, Blumenkohl oder Erbsen. Also je nach Belieben das Gemüse ruhig mal austauschen und etwas Neues ausprobieren.

400 g Makkaroni
Salz
Wasser zum Kochen
* der Makkaroni*
250 g Brokkoli,
* in kleine Röschen geteilt*
2 Knoblauchzehen,
* geschält und zerdrückt*
3 EL Olivenöl
40 g Parmesan,
* frisch gerieben*
Pfeffer

O Makkaroni in reichlich kochendes Salzwasser geben.

O Die Brokkoliröschen zu den Nudeln in den Topf geben und in der auf der Nudelpackung angegebenen Zeit gemeinsam mit den Nudeln garen.

O Nudeln und Brokkoli über einem Sieb abgießen, kurz abtropfen lassen und in den heißen Topf zurückgeben.

O Knoblauch mit dem Olivenöl verrühren und gemeinsam mit dem Parmesan unter die Nudeln ziehen.

O Vor dem Servieren mit Salz und Pfeffer kräftig würzen.

»**Makkaroni** sind hierfür genau die richtigen Nudeln – bei denen macht das Reinschlürfen so viel Spaß! Als ich noch klein war, hat mir mein Vater immer erzählt, in der Nudelfabrik würden die Spaghetti aus den Makkaroni rausgezogen, deshalb wären die so schön hohl. Ich hab's geglaubt!« (Lilla)

Röhrennudeln mit Zucchini-Käse-Sauce

Auch Zucchini passen gut zu Nudeln und einer cremigen Sauce.

○ Die Nudeln in reichlich kochendes Salzwasser geben und nach der Zeitangabe auf der Packung bissfest garen.

○ Zwiebel und Knoblauch in der Butter oder Margarine glasig dünsten.

○ Zucchinistifte dazugeben und etwa 10 Minuten mitdünsten lassen.

○ Inzwischen Sahne oder Sojasahne mit der Milch oder dem Sojadrink erhitzen und aufkochen lassen. Den Parmesan unter ständigem Rühren darin schmelzen lassen.

○ Die Sauce mit Salz und Pfeffer würzen, gehackte Petersilie und die gedünstete Zucchini-Zwiebel-Mischung unterrühren.

○ Die Zucchini-Käse-Sauce zu den Rigatoni servieren. Dazu schmeckt ein würziger Tomatensalat.

400 g Vollkorn-Röhrchen-
  nudeln (Rigatoni)
Salz
Wasser zum Kochen
  der Nudeln
1 Zwiebel,
  geschält und gehackt
2 Knoblauchzehen,
  geschält und zerdrückt
2 EL Butter
  oder Margarine
500 g Zucchini,
  in 3 cm lange, dünne
  Stifte geschnitten
100 ml Sahne
  oder Sojasahne
100 ml Milch
  oder Sojadrink
100 g Parmesan,
  frisch gerieben
Pfeffer
1 Bund Petersilie,
  fein gehackt

Krawatten Primavera

Eine schöne Kombination aus Nudeln, sahniger Sauce und frischem Gemüse!
Statt Krawattennudeln können es auch Bandnudeln oder Makkaroni sein.
Außerhalb der Spargelzeit können grüne Bohnen oder Schwarzwurzeln zum
Einsatz kommen.

*350 g Krawattennudeln
(Farfalle)
Salz
Wasser zum Kochen
der Nudeln
400 g Spargel,
weiß oder grün
Wasser für den Spargel
1 große Zwiebel,
geschält und gehackt
1 Knoblauchzehe,
geschält und zerdrückt
2 EL Butter
oder Margarine
250 g Möhren, gewürfelt
½ rote Paprikaschote,
gewürfelt
2 Stangen Staudensellerie,
in feine Streifen
geschnitten
250 g Zucchini, gewürfelt
Pfeffer
1 – 2 TL Gemüsebrühe-
extrakt
100 ml Sahne
oder Sojasahne
150 ml Milch
oder Sojadrink
50 g Parmesan,
frisch gerieben*

O Nudeln in reichlich Salzwasser nach der
Zeitangabe auf der Packung bissfest kochen.

O Weißen Spargel ganz schälen, beim grünen
Spargel nur die holzigen Enden entfernen.

O Spargel in Salzwasser bissfest(!) garen und
anschließend in etwa 2 cm lange Stücke
schneiden.

O Zwiebel und Knoblauch in der Butter oder
Margarine in einer großen Pfanne dünsten.

O Nach und nach Möhrenwürfelchen, Selle-
riestreifen, Paprika- und Zucchiniwürfel
zu den Zwiebeln geben und gemeinsam
weiterdünsten, bis alle Gemüse weich sind.

O Das Gemüse mit Salz, Pfeffer und Gemüsebrüheextrakt abschmecken. Spargelstücke
vorsichtig untermischen und noch kurz
mitdünsten lassen.

O Sahne oder Sojasahne sowie Milch oder
Sojadrink unterziehen und noch einige
Minuten köcheln lassen.

O Nudeln abgießen und mit der Gemüse-
mischung vermengen.

O Zuletzt den Parmesan einrühren und sofort
servieren.

Spaghetti Verdure

Georgio, der langjährige Chefkoch unserer kleinen Dorfpizzeria mit dem schönen Namen »La Stella«, verriet mir das Rezept für mein Lieblingsgericht auf seiner Speisekarte. So lecker schmeckt's mit viel Gemüse!

○ Die Spaghetti in reichlich Salzwasser bissfest garen.

○ In der Zwischenzeit Champignons und Brokkoli im Olivenöl andünsten.

○ Erbsen, Gemüsebrühe und Thymian zugeben und das Gemüse 10 Minuten garen lassen. Tomatenmark und Sahne oder Sojasahne einrühren und mit Salz und Pfeffer abschmecken.

○ Die Gemüsesauce mit den abgegossenen und abgetropften Spaghetti vermischen und mit der getrockneten Petersilie bestreuen.

500 g Vollkornspaghetti
Salz
Wasser zum Kochen
der Spaghetti
200 g braune
Champignons,
geputzt und geviertelt
200 g Brokkoli,
in kleine Röschen geteilt
4 EL Olivenöl
200 g Erbsen,
frisch oder tiefgekühlt
500 ml Gemüsebrühe
½ TL getrockneter
Thymian
4 EL Tomatenmark
2 EL Sahne
oder Sojasahne
Pfeffer
1 EL getrocknete Petersilie

Selbst gemachte Nudeln mit Rahmchampignons

Vielleicht hat jemand Lust, Nudeln auch einmal selbst zu machen? Das ist nämlich gar nicht so schwer. Höchstens ein bisschen aufwendig, aber Geschmack und Erfolgserlebnis sind anschließend umso schöner! Am festesten werden die Nudeln meiner Erfahrung nach übrigens mit Dinkelmehl. Die Rahmchampignons sind natürlich nur eine Saucenvariante, die zu selbst gemachten Nudeln passt. Jede andere Sauce ist ebenso geeignet – und die Champignons wiederum schmecken auch zu gekauften Nudeln.

Für die Nudeln:
400 g Dinkelvollkornmehl
4 Eier
Salz
eventuell 1 EL
  kaltes Wasser
Dinkelmehl für die
  Arbeitsfläche und
  zum Bestäuben
Wasser zum Kochen
  der Nudeln

O Für den **Teig** das Dinkelmehl auf einer Arbeitsplatte zu einem Berg aufschütten, in die Mitte eine Mulde drücken und Eier und 1 TL Salz hineingeben.

O Alle Zutaten rasch zusammenkneten und den Teig so lang bearbeiten, bis er glatt ist und leicht glänzt. (Ist er zu trocken, eventuell noch kaltes Wasser mit einkneten.) Teig zudecken und 30 Minuten ruhen lassen.

O Teig in vier Portionen auf einer großen, bemehlten Fläche sehr dünn ausrollen. Mit Mehl bestäuben, von beiden Seite zur Mitte hin (3 cm breit) übereinanderschlagen und zusammenfalten.

O Von dieser »Rolle« mit einem scharfen Messer ganz dünne Streifen schneiden, locker auf ein bemehltes Brett fallen lassen und 1 Stunde trocknen lassen.

O Die getrockneten Nudeln in reichlich Salzwasser bissfest garen. (Frisch zubereitete Nudeln sind in der Regel sehr viel schneller gar als die gekauften aus der Packung, also gut aufpassen, dass sie nicht verkochen – lieber öfter mal probieren!)

○ Für die **Rahmchampignons** die Pilze und
die Zwiebelwürfelchen in der Butter oder
Margarine andünsten und mit Gemüsebrühe ablöschen.

○ Sahne oder Sojasahne unterrühren und mit
Salz und Muskat würzen.

○ Die Champignons zu den selbst gemachten
Nudeln servieren.

Für die Rahm-
champignons:
300 g braune
Champignons,
geputzt und geviertelt
1 Zwiebel, geschält
und fein gehackt
2 EL Butter
oder Margarine
250 ml Gemüsebrühe
100 ml Sahne
oder Sojasahne
Salz
Muskatnuss,
frisch gerieben

Pasta Pesto – einmal rot, einmal grün

Der Name »Pesto« kommt von dem italienischen Wort »pestare« (»zerstampfen, zerstoßen«). Die ungekochte Würzpaste wird ganz schnell aus Basilikumblättern und anderen würzigen Zutaten hergestellt.

Bei diesem Gericht hat man allerdings die Qual der Wahl: Soll es heute ein rotes oder ein grünes Nudelgericht geben? Am besten lässt man die Vorratslage entscheiden – äußerst lecker sind beide Varianten! Den schönen Farbeffekt kann man übrigens noch verstärken, indem man zu dem roten Pesto rote Nudeln und zum grünen Pesto grüne Nudeln wählt.

400 g Vollkorn-Röhrchen-
nudeln (Penne)
Salz
Wasser zum Kochen
der Nudeln

Für das rote Pesto:
60 g getrocknete Tomaten
(nicht eingelegt!)
etwas heißes Wasser
2 Knoblauchzehen,
geschält und zerdrückt
10 frische Basilikum-
blätter
3 EL Olivenöl
1 TL Zitronensaft
oder Balsamico-Essig
4 EL Parmesan,
frisch gerieben

Für das grüne Pesto:
1 großes Bund Basilikum
4 EL Pinienkerne
2 Knoblauchzehen,
geschält und zerdrückt
40 g Parmesan,
frisch gerieben
½ TL Salz
8 EL Olivenöl

○ Röhrchennudeln in reichlich Salzwasser nach der Angabe auf der Packung bissfest garen.

○ Für das **rote Pesto** die Tomaten mit heißem Wasser übergießen, etwa 15 Minuten einweichen, abgießen und gut abtropfen lassen.

○ Knoblauch, Basilikumblätter, Öl, Zitronensaft und Parmesan zu den Tomaten geben und im Mixer oder mit dem Pürierstab pürieren. Bei Bedarf noch etwas Olivenöl zugeben, bis eine weich cremige Konsistenz erreicht ist.

○ Für das **grüne Pesto** die Basilikumblätter von den Stängeln zupfen und mit den Pinienkernen, dem Knoblauch, Parmesan und Salz in einen Rührbecher geben. Alle Zutaten mit dem Pürierstab pürieren, dabei das Olivenöl langsam zugießen, bis die gewünschte Konsistenz erreicht ist.

Tipp:
Sollte vom Pesto etwas übrig bleiben (was aber äußerst unwahrscheinlich ist), in ein Schraubglas geben und mit ein wenig Olivenöl begießen. So hält es sich im Kühlschrank frisch.

Chinesische Bratnudeln

Was bestellen Teens am liebsten beim Chinesen? Die typischen Bratnudeln zählen auf jeden Fall zu ihren Favoriten. Zum Glück lassen sie sich ganz leicht nachkochen.

○ Spaghetti in reichlich kochendes Salzwasser geben und bissfest garen.

○ In der Zwischenzeit die Shiitake putzen und in dünne Scheiben schneiden.

○ Lauch waschen, feste grüne Blätter und Wurzelansatz entfernen und die Stange in feine Ringe schneiden.

○ Pilze in 4 EL Sesamöl anbraten. Nach und nach Lauch, Sojabohnenkeime, Zuckerschoten und die abgetropften Spaghetti zugeben und mitbraten lassen.

○ Nach Geschmack mit dem restlichen Sesamöl, der Sojasauce sowie Pfeffer und Salz abschmecken.

250 g Spaghetti
Salz
Wasser zum Kochen
der Spaghetti
100 g Shiitakepilze
1 Stange Lauch
4 – 6 EL Sesamöl, geröstet
100 g frische Sojabohnen-
keime, grob geschnitten
100 g Zuckerschoten
3 – 6 EL Sojasauce
Pfeffer

»Shiitakepilze, geröstetes Sesamöl und Sojasauce muss man haben, damit es wirklich wie beim Chinesen schmeckt. Beim Gemüse kann man ruhig ein bisschen variieren.« (Lewis)

Roter Nudelsalat

Ein schöner Nudelsalat, der auch für ein spontanes Grillfest ratzfatz zubereitet ist.

400 g Vollkorn-Spiral-
  nudeln (Spirelli)
Salz
Wasser zum Kochen
  der Nudeln
rotes Pesto
  (Rezept Seite 34)
2 Frühlingszwiebeln,
  klein gehackt
75 g Pinienkerne
Pfeffer
3 – 4 EL glatte Petersilie,
  gehackt

○ Spiralnudeln in reichlich Salzwasser nach der Angabe auf der Packung bissfest garen.

○ Rotes Pesto nach dem Rezept auf Seite 34 zubereiten.

○ Nudeln in ein Sieb abgießen, abtropfen lassen und in eine Salatschüssel umfüllen.

○ Pesto, Frühlingszwiebeln und Pinienkerne gleichmäßig unterheben.

○ Den Nudelsalat mit Salz und Pfeffer kräftig würzen.

○ Salat mit Petersilie bestreuen und nach Belieben bis zum (Fest-)Essen durchziehen lassen.

○ Noch lauwarm oder gut abgekühlt schmeckt er gleichermaßen gut.

Bunter Nudelsalat

Ob zu Hause oder als Partymitbringsel, Nudelsalat passt eigentlich immer. Sogar in der Pausendose lässt er sich gut mitnehmen. (Gabel nicht vergessen!)

○ Hörnchennudeln in reichlich Salzwasser bissfest garen.

○ Nudeln über einem Sieb abgießen und abtropfen lassen. In eine Salatschüssel geben und mit Tofuwürfeln, Radieschenscheiben, Lauchringen, Apfelwürfelchen und Schnittlauch mischen.

○ Joghurt, Sahne oder Sojasahne und Ketchup verrühren, mit Salz, Pfeffer und einer Prise Zucker abschmecken und das Dressing unter den Salat ziehen.

250 g Vollkorn-
Hörnchennudeln
Salz
Wasser zum Kochen
der Nudeln
400 g Räuchertofu,
gewürfelt
1 Bund Radieschen,
in dünne Scheiben
geschnitten
1 Stange Lauch, in
feine Ringe geschnitten
2 Äpfel, entkernt, geschält
und fein gewürfelt
1 Bund Schnittlauch,
in feine Röllchen
geschnitten
150 g Joghurt
oder Sojajoghurt
5 EL Sahne
oder Sojasahne
1 EL Tomatenketchup
Pfeffer
Vollrohrzucker

»›Tofu im Salat? Der schmeckt doch nach gar nichts!‹, haben meine Freundinnen zuerst gemeint. Heute fragen sie vor jeder Fete: ›Bringst Du wieder deinen leckeren Tofu-Nudel-Salat mit?‹« (Kathrin)

Cannelloni mit Spinatfüllung

Für diesen Cannelloni-Auflauf brauchen wir – ähnlich wie für eine Lasagne – eine rote Tomatensauce und eine weiße Béchamelsauce. Die gefüllten Cannelloni werden in die rote Sauce gelegt und mit der weißen Sauce bestrichen. Auf den ersten Blick ein bisschen aufwendig – aber die Mühe lohnt!

Für die Füllung:
250 g Blattspinat,
   frisch oder tiefgekühlt
etwas Wasser
1 Knoblauchzehe,
   geschält und zerdrückt
250 g körniger Frischkäse
200 g Emmentaler,
   geraspelt
Kräutersalz

Für die Tomatensauce:
1 Zwiebel
1 EL Öl
500 g Tomaten, gehäutet
   und klein geschnitten
2 EL Tomatenmark
Salz
Pfeffer
Paprikapulver
Oregano

Für die Béchamelsauce:
1 EL Butter
   oder Margarine
2 EL Weizenvollkornmehl
200 ml Milch
   oder Sojadrink
Salz
Muskatnuss,
   frisch gerieben

12 Cannelloni-Nudeln

○ Für die **Füllung** den Spinat mit ganz wenig Wasser gar dünsten, abtropfen und etwas abkühlen lassen.

○ Knoblauch, körnigen Frischkäse und **die Hälfte** vom Emmentaler unter den Spinat rühren und mit Kräutersalz abschmecken.

○ Für die **Tomatensauce** die Zwiebel schälen und fein hacken. Zwiebelwürfel in Öl glasig dünsten, Tomatenstückchen dazugeben und mit Tomatenmark, Salz, Pfeffer, Paprika und Oregano abschmecken.

○ Für die **Béchamelsauce** die Butter oder Margarine zerlassen, Mehl darüberstreuen und mit Milch oder Sojadrink unter ständigem Rühren aufgießen. Mit Salz und Muskatnuss würzen.

○ Die Tomatensauce in eine Auflaufform gießen.

○ Die Cannelloni mit der Spinat-Käse-Mischung füllen und nebeneinander in die Form legen. Béchamelsauce über die Cannelloni streichen und den Rest des Emmentalers darüberstreuen. Die Nudeln bei 200 °C etwa 30 Minuten überbacken.

Erdnuss-Nudeln

Mal ein etwas exotischeres Nudelgericht. Ein Fest für alle, die Erdnüsse und Nudeln mögen – wirklich lecker!

○ Röhrchennudeln in reichlich Salzwasser nach der Zeitangabe auf der Packung bissfest garen.

○ Etwa 3 Minuten vor Ende der Garzeit die Erbsen zugeben und mitkochen lassen.

○ Erdnussmus, Sojasauce, Knoblauch, Ingwer und Zitronensaft vermischen.

○ Vom Orangensaft so viel dazugeben, dass eine nicht zu feste, cremige Paste entsteht. (Am besten lässt sie sich im Mixer oder mit dem Pürierstab vermischen.) Die Paste mit Salz, Pfeffer und Cayennepfeffer würzen.

○ Nudeln und Erbsen abgießen, in eine Schüssel geben und die Erdnusssauce in die Nudeln rühren.

○ Zuletzt Frühlingszwiebelringe und Möhrenraspel unterziehen.

400 g Vollkorn-Röhrchennudeln (Penne)
Salz
Wasser zum Kochen der Nudeln
5 EL Erbsen, frisch oder tiefgekühlt
4 EL Erdnussmus
1 EL Sojasauce
1 Knoblauchzehe, geschält und zerdrückt
½ TL Ingwer, gemahlen
1 EL Zitronensaft
Saft einer halben Orange
Pfeffer
Cayennepfeffer
1 Frühlingszwiebel, in Ringe geschnitten
1 große Möhre, grob geraspelt

»Weil ich die Vollkornsachen zum Kauen ziemlich mühsam finde, mische ich immer fifty-fifty: eine Hälfte dunkle Nudeln, die andere Hälfte helle. Genauso mache ich es mit Reis und Mehl. Inzwischen haben sich bei uns zu Hause schon alle daran gewöhnt und finden, es schmeckt labberig, wenn nur weißes Mehl oder helle Nudeln zum Einsatz kommen.« (Anna-Lena)

Grüne Lasagne

Bei einer Lasagne werden Gemüse und Sauce abwechselnd zwischen mehrere Lagen aus flachen Nudelplatten geschichtet und mit Käse überbacken. Herrlich saftig!

400 g Brokkoli
etwa ½ l Wasser
Salz
1 Zwiebel,
   geschält und gehackt
2 EL Öl
250 g Champignons,
   geputzt und in feine
   Scheiben geschnitten
2 Knoblauchzehen,
   geschält und zerdrückt
1 ½ TL Rosmarin
1 ½ TL Majoran
Kräutersalz
250 g Erbsen,
   frisch oder tiefgekühlt

○ Brokkoliröschen vom Strunk abschneiden. Stiele schälen und in Stücke schneiden.

○ Brokkoliröschen und geschälte Brokkolistiele etwa 10 Minuten in reichlich Wasser garen, dabei leicht salzen. Wasser abgießen und für die Sauce aufheben.

○ Zwiebelwürfelchen im Öl glasig dünsten. Champignons und zerdrückten Knoblauch dazugeben.

○ Die Pilze mit Kräutern und Kräutersalz würzen. Gegarten Brokkoli und rohe Erbsen hinzufügen.

○ Für die **Béchamelsauce** die Butter oder Margarine zerlassen und Mehl darin anschwitzen. Unter kräftigem Rühren erst Milch oder Sojadrink, dann 250 ml Gemüsewasser (vom Brokkoli) dazugießen und zum Kochen bringen.

○ Die Sauce mit Kräutersalz, Pfeffer und Muskat abschmecken. Petersilie einstreuen.

○ Eine gefettete Auflaufform zunächst mit einigen Lasagne-Platten auslegen, darauf eine Schicht Gemüse geben und mit Sauce bedecken.

○ So lange in der gleichen Reihenfolge weiterschichten, bis die Zutaten aufgebraucht sind.

○ Die oberste Schicht sollte aus Sauce bestehen und die Lasagne-Nudeln sollten vollständig abgedeckt sein.

○ Mozzarella in Scheiben schneiden. Die Lasagne damit belegen und mit Parmesan bestreuen. Die Lasagne bei 200 °C etwa 30 Minuten backen.

Für die Béchamelsauce:
30 g Butter
oder Margarine
4 EL Weizenvollkornmehl
250 ml Milch
oder Sojadrink
Pfeffer
Muskatnuss,
frisch gerieben
1 Bund Petersilie,
fein gehackt

Fett für die Form
10 grüne Lasagne-Platten
150 g Mozzarella
100 g Parmesan,
frisch gerieben

»In der Grundschule hatte ich einen Jungen in meiner Klasse, der seit seiner Geburt vegetarisch lebte. Eine coole Idee, dachte ich mir. Dann wollte ich Vegetarierin sein, ohne mich mit der Beziehung zwischen Tieren und Menschen auch nur einmal wirklich auseinandergesetzt zu haben. Wirklich drüber nachgedacht habe ich erst, als ich mit meiner Familie diskutieren musste.« (Karo)

Süßer Nudelauflauf mit Pflaumenkompott

Kochende Milch oder Sojadrinks können leicht anbrennen, deshalb beim Kochen der Nudeln ständig rühren und nicht zu viel Hitze einschalten!

Für den Auflauf:
1 l Milch
  oder Sojadrink
1 Prise Salz
2 Päckchen Vanillezucker
2 EL Vollrohrzucker
500 g Vollkornspaghetti
2 Eier
Fett für die Form

Für das Pflaumen-
  kompott:
250 g Pflaumen,
  halbiert und entsteint
4 säuerliche Äpfel,
  geschält, entkernt und
  in Spalten geschnitten
3 EL Vollrohrzucker
1 TL Zimt, gemahlen
500 ml Wasser

○ Milch oder Sojadrink mit Salz, Vanillezucker und Zucker erhitzen.
○ Spaghetti brechen und hinzufügen. Unter ständigem Rühren (damit nichts anbrennt!) etwa 10 Minuten garen, bis die Milch aufgesogen ist und die Nudeln bissfest sind.
○ Die Nudeln etwas abkühlen lassen, die Eier unterrühren und die Mischung in eine gefettete Auflaufform geben.
○ Den Auflauf bei 180 °C 15 bis 20 Minuten backen. (Nicht zu lange und die Hitze nicht zu hoch einstellen – Krustengefahr!)
○ In der Zwischenzeit Pflaumen, Äpfel, Zucker und Zimt in dem Wasser aufkochen. Die Herdplatte ausstellen und das Kompott auf der heißen Platte ausköcheln und durchziehen lassen.
○ Das Kompott zu dem noch warmen Nudelauflauf servieren.

»Meine Oma war ganz erstaunt, als sie feststellte, dass fast alle meine süßen Lieblinge von ihr gut in meinen vegetarischen Speiseplan passen.« (Lara)

Pizza Taxi

Gleich nach der Pasta steht die Pizza bei Jugendlichen auf der Beliebtheitsskala an zweiter Stelle. Zu Recht! Frisch zubereitet, ist sie ein tolles Gericht: Auf einem Teig aus Vollkornmehl haben die verschiedensten Gemüsearten Platz. Mit Olivenöl beträufelt und auf Wunsch mit Käse überbacken, schmeckt sie herzhaft saftig. Ihre Zubereitung ist kinderleicht und bei der Auswahl der Beläge kann jeder seine eigenen Vorlieben ins Spiel bringen.

Die Grundlage bildet traditionell ein einfacher Hefeteig aus Mehl, Wasser, Hefe, Salz und Olivenöl. Wichtig ist, dass dieser Teig ausreichend lange und zugedeckt an einem warmen Ort gehen kann sowie mehrfach gründlich geknetet und möglichst dünn ausgerollt wird. Geübte Pizzabäckerinnen und Pizzabäcker ziehen den Teig über dem Handrücken breit und lassen ihn in der Luft kreisen, um ihn auszuweiten.

Dann wird in der Regel eine Tomatensauce aufgestrichen, die man vorher aus Tomaten mit Zwiebeln, Knoblauch, Oregano und Basilikum gekocht und mit Salz und Pfeffer pikant gewürzt hat. Darauf folgen je nach persönlichem Geschmack die verschiedenen Gemüsearten, zum Schluss Käse und/oder Olivenöl.

Wie bei anderen Teigfladen gibt es auch bei der Pizza mehrere Klappvarianten. Ist in Italien kein Besteck in Reichweite, kann man die Pizza ganz gut zusammengefaltet »a libro« (»als Buch«) essen, ohne sich die Hände schmutzig zu machen. Wird der Teigfladen schon vor dem Backen über dem Belag zusammengeklappt, entsteht eine gefüllte Pizzavariante, die Calzone (wörtlich »Hose«). Im Rezeptteil finden sich dafür leckere Beispiele.

So gesund und lecker die frisch gebackene Pizza sein kann – viele kennen sie leider nur als ziemlich fettlastige Tiefkühlware. Tatsächlich gehört die Tiefkühlpizza zu den meistverkauften Fertiggerichten überhaupt. Der Verkauf stieg in den letzten Jahrzehnten extrem stark an.

Dabei können wir das mit dem Pizzabacken sehr gut selbst machen. Wenn wir es entsprechend organisieren und die Zeit für das Gehen des Teigs gut einplanen, geht es sogar ganz schnell. Und es macht Spaß! Alle können mitmachen und ihre Lieblingszutaten auflegen. So werden wir zu unserem eigenen Pizza-Taxi. Los geht's!

Pizza to go!

Pizza-Grundteig I: Hefeteig

Das Wichtigste an der Pizzabäckerei ist ein zuverlässiger Grundteig, der schnell gemacht ist und immer gelingt. Hier mein bewährter Standard-Hefeteig.

○ Hefe, Zucker, Olivenöl und Wasser mischen und die Mischung einige Minuten stehen lassen, bis die Hefe Blasen bildet.

○ Mehl und Salz mischen, in eine Schüssel geben und in die Mitte eine Vertiefung (»Vulkankrater«) drücken.

○ Die Hefemischung in den Krater gießen. Mit einer Gabel nach und nach immer mehr Mehl seitlich unter die Flüssigkeit rühren. Anschließend das Ganze mit den Handballen so lange kneten, bis ein geschmeidiger Teig entstanden ist, der sich gut von den Händen und von der Schüssel löst.

○ Den Teig an einem warmen Ort zugedeckt 1 Stunde gehen lassen.

○ Den Teig auf einer bemehlten Arbeitsfläche nochmals durchkneten, zu einem langen Strang formen und in die Mitte eines gefetteten Backblechs legen. Mit bemehlten Fingern in alle Richtungen so lange drücken und ziehen, bis er das gesamte Backblech abdeckt.

○ Den Teig nach Belieben belegen und bei 180 bis 200 °C etwa 25 Minuten backen.

Für 1 Backblech:
1 Päckchen Trockenhefe
oder
1 Würfel frische Hefe
1 TL Vollrohrzucker
3 EL Olivenöl
250 ml lauwarmes Wasser
500 g Weizen- oder
Dinkelvollkornmehl
1 TL Salz
Mehl für die Arbeitsfläche
Fett für das Blech

Pizza-Grundteig II: Quark-Öl-Teig

Wenn es einmal schneller gehen soll und man sich nicht so gern mit dem etwas aufwendigeren Hefeteig befassen mag, ist ein Quark-Öl-Teig genau das Richtige. Er kann sofort belegt und gebacken werden.

Für 1 Backblech:
200 g Magerquark
1 Ei
125 ml Olivenöl
120 ml Milch
1 TL Salz
500 g Weizenvollkornmehl
1 Päckchen Weinstein-
  backpulver
Mehl zum Ausrollen
Fett für das Blech

○ Quark mit Ei, Öl, Milch, Salz und der Hälfte des Mehls verrühren.

○ Das restliche Mehl mit dem Backpulver vermischen und unter den Teig kneten. (Falls der Teig noch zu weich und feucht ist, zusätzliches Mehl unterkneten – der Teig sollte geschmeidig sein, aber nicht kleben.)

○ Den Teig mit einem bemehlten Nudelholz auf einem eingefetteten Blech ausrollen. Den Pizzaboden nach Belieben belegen und bei 180 °C etwa 15 Minuten backen.

Grundrezept Pizza-Tomatensauce

Bei vielen Pizzavariationen wird als Erstes eine Tomatensauce auf den fertig ausgerollten Teig gestrichen. Hier mein ganz einfaches Universalrezept.

○ Haut der Tomaten kreuzweise einschneiden, mit kochendem Wasser überbrühen und kurz im Wasser ziehen lassen. Haut abziehen (löst sich nun leicht) und Tomaten klein schneiden.

○ Zwiebel in der Butter oder Margarine glasig dünsten.

○ Tomaten dazugeben, etwa 5 Minuten köcheln lassen und mit Tomatenmark, Salz und Pfeffer mild abschmecken.

○ Sahne oder Sojasahne dazugeben, noch mal kurz weiterköcheln lassen und die Sauce im Mixer oder mit dem Pürierstab pürieren.

Für 1 mit Pizzateig
belegtes Backblech:
500 g Tomaten
1 Zwiebel,
geschält und gehackt
1 EL Butter
oder Margarine
2 EL Tomatenmark
Salz
Pfeffer
2 EL Sahne
oder Sojasahne

Tipp:
Schon die Sauce lässt sich geschmacklich vielfältig variieren, z. B. mit verschiedenen getrockneten Kräutern, fein gehackter Chili oder gepresstem Knoblauch. Im Kühlschrank kann sie gut einen Tag aufbewahrt werden, so lässt sich die Pizzabäckerei gut von langer Hand vorbereiten. Und wer Sauce auf Vorrat zubereiten will, kann mehrere Portionen kochen und einfrieren.

Pizza für alle

Die Alternative zur Fertigpizza aus dem Tiefkühlregal!
Alle helfen beim Belegen mit und können so selbst bestimmen, was sie auf ihrem Pizzastück haben möchten.
Die Käse- und Gemüsesorten sind frei variierbar. Alle bekommen einen Teil des ausgerollten Pizzabodens zugewiesen und belegen ihn mit ihren Lieblingszutaten, sodass auf dem Pizzablech eine bunte Landkarte entsteht. Die Herausforderung besteht darin, sich zu merken, wem die einzelnen Stücke gehören. Manche legen aus den Zutaten den Anfangsbuchstaben ihres Vornamens. An welchen Zeichen ließen sie sich noch wiedererkennen?

1 Pizza-Grundteig
(Rezept siehe
Seite 45 oder 46)
Fett für das Blech
1 Grundrezept Pizza-
Tomatensauce
(Rezept siehe Seite 47)
1 TL Oregano, getrocknet
1 TL Thymian, getrocknet
Belag nach Belieben
2 EL Olivenöl

○ Den Pizzateig nach dem Grundrezept auf Seite 45 oder 46 zubereiten und auf einem eingefetteten oder mit Backpapier ausgelegten Backblech verteilen.

○ Die Tomatensauce nach dem Rezept auf Seite 47 zubereiten und auf den Teig streichen. Oregano und Thymian auf die Sauce streuen.

○ Nun ganz nach dem persönlichen Geschmack die verschiedenen Beläge darauf verteilen und am Ende mit Käse oder zerbröseltem Räuchertofu bestreuen. Mit dem Olivenöl beträufeln, bei 200 °C etwa 30 Minuten backen und sofort servieren.

Als Belagvarianten haben sich bewährt:
300 g Brokkoli, in Röschen zerteilt
200 g Zucchini, in Scheiben geschnitten
200 g Gemüsemais, gegart (oder: Champignons, Zwiebeln,
*   Tomatenscheiben, Paprika, Ananas, Ei, Peperoni, Oliven,*
*   Artischockenböden, grüner oder weißer Spargel, Blattspinat ...)*
100 g Emmentaler, frisch geraspelt (oder Mozzarella, Scamorza,
*   Gorgonzola, Parmesan, Schafskäse, Ziegenkäse, Räuchertofu ...)*

Viele schöne Pizzavariationen

Das Tolle ist, dass sich Pizza auf so viele verschiedene Arten und Weisen belegen lässt, dass garantiert für alle etwas dabei ist. Wie wäre es zum Beispiel mit einer der folgenden Variationen? Einfach Grundteig (Rezept Seite 45 oder 46) und Pizza-Tomatensauce (Rezept Seite 47) vorbereiten, Teig auf dem Backblech verteilen – und los geht's!

Pizza à la Andrew's: Tomatensauce, 250 g Mozzarella in dünnen Scheiben auf dem Teig verteilen. Nach dem Backen: Eine Handvoll frische Basilikumblätter darüberstreuen.

Pizza Margherita: Den Teig mit Tomatensauce, 125 g Mozzarella in Würfeln, 50 g Gouda, frisch gerieben, 50 g Parmesan, frisch gerieben, belegen. Vor dem Backen mit 2 TL Olivenöl beträufeln. Nach dem Backen: Eine Handvoll frische Basilikumblätter darüberstreuen.

Pizza Primavera: Tomatensauce, 200 g körnigen Frischkäse, 2 Knoblauchzehen in dünnen Scheiben, 1 Bund Frühlingszwiebeln, in schmale Streifen geschnitten, 1 kg Tomaten in Scheiben, Salz und Pfeffer auf den Teig legen. Nach dem Backen: Ein Bund Schnittlauch in feine Röllchen schneiden und darauf verteilen.

Pizza Rustica: Den Teigboden mit Tomatensauce, 200 g Zucchini und 4 frischen Tomaten in Scheiben, 1 Zwiebel, in Ringe geschnitten, 150 g Mozzarella, gewürfelt, 25 g schwarzen Oliven, 4 Peperoni und 50 g Kapern belegen. Nach dem Backen: Eine Handvoll frische Basilikumblätter darüberstreuen.

»›Es geht los! Pizza belegen!‹,
lautet der entscheidende Schlachtruf aus
der Küche. Auf dem Küchentisch stehen schon all die
Schüsselchen mit den verschiedenen, klein geschnittenen
Gemüsen. Wir dürfen nach Lust und Laune hineingreifen und
unser Pizzastück unter viel gegenseitiger Flapserei mit den
Gemüsestückchen bestreuen.« (Kira)

Pizza Mista: Tomatensauce, 1 Zwiebel, in Ringe geschnitten, 150 g Zucchini in Scheiben, 1 Stange Lauch in schmalen Streifen, 250 g Champignons, in dünne Scheiben geschnitten, 150 g gegarten Gemüsemais und 150 g Schafkäse, gewürfelt, auf dem Teig verteilen. Mit frischem oder getrocknetem Thymian würzen.

Pizza Brokkoli: Den Teig mit einer Sauce aus Crème fraîche, gewürzt mit Oregano, Salz und Pfeffer, bestreichen. 500 g Brokkoli, in Röschen zerteilt, Champignons, blättrig geschnitten, 50 g Parmesan und 50 g Emmentaler, beides frisch gerieben, darauf verteilen.

Pizza Spinat: Tomatensauce, 1 kg Blattspinat, blanchiert, gut abgetropft und mit Salz und Muskat gewürzt, sowie frische Tomaten, in Scheiben, bilden den Belag. 100 g geriebenen Parmesan darüberstreuen.

Pizza Champignons: Tomatensauce, 250 g Champignons, blättrig geschnitten, und 100 g Leerdamer, frisch gerieben, auf den Teig geben. Mit Salz und Pfeffer würzen. Nach dem Backen: Ein halbes Bund Petersilie, fein gehackt, darüberstreuen.

Pizza Pesto: Den ausgerollten Pizzateig mit 200 g Pesto (Rezept Seite 34) bestreichen und knusprig backen.

Pizza Vier Jahreszeiten: Pizzaboden mit Tomatensauce bestreichen und in 4 Bereiche unterteilen. Den ersten Bereich mit ½ roten Zwiebel und ½ roten Paprikaschote, in dünne Streifen geschnitten, belegen. Auf das zweite Viertel schwarze, in Scheiben geschnittenen Oliven ohne Stein geben. Den dritten Bereich mit ½ grünen Paprikaschote, in dünne Streifen geschnitten, und den vierten mit blättrig geschnittenen Champignons belegen. 250 g Mozzarella fein würfeln und über der ganzen Pizza verteilen.

Pizza Mandala: Den Pizzateig kreisförmig ausrollen. Tomatensauce und 100 g grob geriebenen Gouda auf den Teig geben. 1 rote, 1 grüne, 1 gelbe und 1 orangefarbene Paprikaschote entkernen, in dünne Streifen schneiden und von der Mitte des runden Pizzabodens aus zu einem schönen Mandala (Kreismuster) auslegen. Mit 1 TL grünen Pfefferkörnern verzieren.

Pizza Hawaii: Tomatensauce, 4 Bananen, der Länge nach halbiert, und 6 Scheiben Ananas, in Stücke geschnitten, auf dem Pizzaboden verteilen. Mit 150 g geriebenem Gouda bestreuen.

Pizza Sojawürstchen: Tomatensauce auf dem Teig verteilen. 2 große Gemüsezwiebeln, geschält, in Scheiben geschnitten und in Öl weich gedünstet, 4 bis 6 Sojawürstchen, in mundgerechte Stücke geschnitten, und 150 g Gouda, frisch gerieben, darübergeben. Mit Salz und Pfeffer würzen. Nach dem Backen: 2 EL Senf in kleinen Klecksen auf die Wurst geben.

Pizza scharfe Bohne: Auf dem Teig Tomatensauce verteilen. 1 Zwiebel und 1 Knoblauchzehe, geschält, gehackt und in Olivenöl angedünstet, zusammen mit 275 g gekochten Kidneybohnen (gut abgetropft), dazugeben. Mit 1 TL getrockneten Chiliflocken, Salz und Pfeffer scharf würzen. 150 g Gouda frisch reiben und über die Pizza streuen. Nach dem Backen: Ein halbes Bund Petersilie, gehackt, darauf verteilen.

Pizzabrot

Die ideale Ergänzung zur Suppe oder zum Salat, aber auch eine schöne Vorspeisen-Knabberei zur Überbrückung der Wartezeit bis zum Hauptgericht!
Ob mit Knoblauch oder nicht, kann frei entschieden werden, und auch bei den Kräutern besteht freie Auswahl. Rosmarin schmeckt sehr fein und Oregano so richtig italienisch, aber auch eine Mischung mediterraner Kräuter macht sich immer gut.

½ Pizza-Grundteig
(Rezept siehe
Seite 45 oder 46)
Fett für das Blech
Mehl zum Ausrollen
6 EL Olivenöl
1 – 2 Knoblauchzehen,
geschält und in dünne
Scheiben geschnitten
6 TL getrocknete Kräuter
(z. B. Rosmarin,
Basilikum, Oregano,
Lavendel, Salbei ...)
1 TL grobes Salz

○ Pizzateig nach den Angaben im Grundrezept auf Seite 45 oder 46 zubereiten und auf einem gefetteten oder mit Backpapier ausgelegten Backblech mit einem bemehlten Nudelholz zu einem Kreis ausrollen.
○ Teig mit dem Olivenöl bestreichen, mit den Knoblauchscheiben belegen und mit den Kräutern nach Wahl und dem Salz bestreuen.
○ Das Pizzabrot je nach Teigvariante bei 180 °C 15 bis 25 Minuten backen.

»Unbedingt mal
mit Käserand probieren:
Einen Mozzarellakäse abtropfen
lassen, in dünne Streifen schneiden
und in einer Reihe am Rand des
Pizzabodens auslegen. Teigrand knapp
darüberklappen, gut festdrücken und
dann erst das Pizzabrot backen.
So lecker!« (Tim)

Pizza Calzone mit Pesto und Brokkoli

Bei der Pizza Calzone (wörtlich »Hose«) wird der Teigfladen vor dem Backen über dem Belag zusammengeklappt. Auch hier sind natürlich wieder unzählige Varianten möglich. Die beiden Rezepte sind als Anregungen zum freien Experimentieren gedacht.

○ Den Pizzateig nach dem Grundrezept auf Seite 45 oder 46 zubereiten und anschließend in vier Portionen teilen. Den Teig jeweils zu einer Kugel formen, dünn zu Kreisen ausrollen und bis auf die Ränder mit Pesto bestreichen.

○ Brokkoli, Mozzarella und Tomatensauce in einer Schüssel mischen. Nach Belieben noch Pinienkerne dazugeben und die Mischung mit Salz, Pfeffer und gehacktem Basilikum würzen.

○ Die Teigkreise jeweils zur Hälfte mit der Füllung belegen. Die andere Teighälfte jeweils darüberklappen, die Teigränder dünn mit Wasser bestreichen und gut festdrücken.

○ Die vier »Pizza-Halbmonde« mit der Hälfte des Olivenöls bestreichen und mit einem Messer ein paar Luftschlitze hineinstechen.

○ Auf ein gefettetes oder mit Backpapier ausgelegtes Backblech setzen und bei 180 °C 15 bis 20 Minuten backen, bis der Teig fest und schön goldbraun geworden ist.

○ Nach der halben Backzeit noch einmal mit Olivenöl einstreichen.

*1 Pizza-Grundteig
(Rezept siehe
Seite 45 oder 46)
Mehl für die Arbeitsfläche
grünes Pesto
(Rezept Seite 34)
500 g Brokkoli,
in Röschen zerteilt
200 g Mozzarella,
fein gewürfelt
oder Tofu, zerkrümelt
½ Grundrezept
Pizza-Tomatensauce
(Rezept Seite 47)
4 TL Pinienkerne,
nach Belieben
Salz
Pfeffer
½ Bund Basilikum,
gehackt
etwas Wasser
zum Bestreichen
8 TL Olivenöl
Fett für das Blech*

Pizza Calzone mit Ricotta und getrockneten Tomaten

Hmmm, lecker, lecker – der reinste Mittelmeerküchengenuss!

*1 Pizza-Grundteig
(Rezept siehe
Seite 45 oder 46)
1 Grundrezept
Pizza-Tomatensauce
(Rezept siehe Seite 47)
200 g getrocknete
Tomaten in Öl,
abgetropft und
geviertelt
200 g Ricotta
4 TL getrocknete
Mittelmeerkräuter
(z. B. Rosmarin,
Oregano und Salbei)
Salz
Pfeffer
4 EL Olivenöl
Fett für das Blech*

○ Den Pizzateig nach dem Grundrezept zubereiten und anschließend in vier Portionen teilen. Den Teig jeweils zur Kugel formen und dünn zum Kreis ausrollen.

○ Die Tomatensauce nach dem Rezept auf Seite 47 zubereiten und die Teigkreise bis auf die Ränder mit der Sauce bestreichen.

○ Die Kreise jeweils zur Hälfte mit den Tomaten und dem Ricotta belegen. Mit den Kräutern bestreuen und mit Salz und Pfeffer würzen.

○ Die anderen Teighälften darüberklappen, die Teigränder dünn mit Wasser bestreichen, gut festdrücken und verschließen.

○ Die vier Pizzapäckchen mit der Hälfte des Olivenöls einstreichen. Mit einem Messer jeweils ein paar Luftschlitze hineinstechen.

○ Auf ein gefettetes Backblech setzen und bei 180 °C 15 bis 20 Minuten backen, bis der Teig fest und goldbraun geworden ist. Nach der Hälfte der Backzeit noch einmal mit Öl einstreichen.

Fladenbrot-Pizza

Wenn es einmal ganz besonders schnell gehen soll, ist diese Blitz-Pizza genau das Richtige. Sie dauert nicht länger als das Tiefkühl-Pendant, schmeckt aber viel knuspriger und frischer.

Auch hier können die Gemüsearten natürlich je nach Vorratslage und persönlichem Geschmack frei variiert werden und der Emmentaler lässt sich durch Mozzarella, andere Käsesorten oder zerbröselten Tofu ersetzen. So schmeckt die Fladenbrot-Pizza jedes Mal ein bisschen anders. Nach der gleichen Methode lassen sich übrigens auch aufgeschnittene Baguettes oder Baguettebrötchen belegen und überbacken.

○ Das Fladenbrot quer aufschneiden.

○ Öl mit Tomatenmark, Ketchup, Zwiebel, Knoblauch und Gewürzen mischen. Das Fladenbrot damit bestreichen.

○ Das vorbereitete Gemüse darübergeben und mit dem Käse bestreuen.

○ Die Pizza auf ein gefettetes oder mit Backpapier ausgelegtes Backblech setzen und bei 180 °C etwa 15 Minuten backen.

1 großes Fladenbrot
2 EL Olivenöl
6 EL Tomatenmark
6 EL Tomatenketchup
1 Zwiebel, geschält
und klein gehackt
1 Knoblauchzehe,
geschält und zerdrückt
½ TL getrockneter
Oregano
1 TL getrocknete Kräuter
der Provence
1 rote Paprikaschote,
in feine Streifen
geschnitten
50 g Champignons,
geputzt und in dünne
Scheiben geschnitten
2 große Tomaten,
in Scheiben geschnitten
100 g Emmentaler,
fein geraspelt
Fett für das Blech

Fruchtige Erdbeerpizza

Warum Pizza immer nur herzhaft belegen? Zu unseren Highlights gehört diese Erdbeerpizza – eine schöne, fruchtige Sommeridee!

Für den Teig:
1 Päckchen Trockenhefe
3 EL Vollrohrzucker
1 Päckchen Vanillezucker
250 ml lauwarme Milch
 oder Sojadrink
500 g Weizen- oder
 Dinkelvollkornmehl
50 g Butter
 oder Margarine
Mehl für die Arbeitsfläche
Fett für das Blech

Für den Belag:
250 g Frischkäse
50 g Vollrohrzucker
500 g frische Erdbeeren,
 halbiert
250 g anderes Obst,
 z. B. Ananasstücke,
 Blaubeeren oder
 Pfirsichscheiben
2 Bananen, der Länge
 nach halbiert und in
 Stücke geschnitten
250 g Aprikosen-
 marmelade
etwas Wasser

Tipp:
Statt des Frischkäses 200 g Tofu verwenden und mit 50 ml Sojasahne mit dem Pürierstab glatt rühren.

○ Für den **Teig** Hefe, Zucker und Milch oder Sojadrink mischen und etwa 15 Minuten stehen lassen, bis die Hefe Blasen bildet.

○ Mehl in eine Schüssel geben und in die Mitte eine Vertiefung (»Vulkankrater«) drücken.

○ Hefemischung in den Krater gießen. Die Butter oder Margarine zerlassen und ebenfalls am Rand des Mehls dazugeben.

○ Mit einer Gabel nach und nach immer mehr Mehl seitlich unter die Flüssigkeit rühren. Den Teig mit den Handballen so lange kneten, bis ein geschmeidiger Teig entstanden ist, der sich gut von den Händen und von der Schüssel löst.

○ Den Teig an einem warmen Ort zugedeckt etwa 1 Stunde gehen lassen.

○ Den Teig auf einer bemehlten Arbeitsfläche nochmals durchkneten und dann auf einem gefetteten Backblech ausrollen.

○ Bei 180 bis 200 °C etwa 30 Minuten backen und abkühlen lassen.

○ Für den **Belag** Frischkäse mit dem Zucker verrühren und auf den Teig streichen. Obst je nach Lust und Laune kunterbunt oder in einem schönen Muster darauf verteilen.

○ Marmelade leicht erhitzen, mit etwas Wasser anrühren, bis sie streichfähig ist, und als Glasur über die Früchte ziehen.

Die wunderbare Welt der Veggieburger

Nudeln und Pizza, die ersten beiden Hits in den Speise-Charts der meisten Teens, sind, wie wir gesehen haben, gar keine so schlechte Wahl. In jedem Fall liefern sie wichtige Kohlenhydrate und lassen sich mit vielen vitaminreichen Gemüsearten hervorragend kombinieren.

Nicht ohne Staunen stellen wir nun fest, dass auch der Dritte auf der Liste der berühmt-berüchtigten Teenager-Lieblinge, der Burger, bei näherem Hinsehen eine ganze Menge Pluspunkte hat. Nehmen wir ihn doch ruhig einmal etwas genauer unter die Lupe:

Im Grunde handelt es sich beim Burger um ein belegtes Brötchen. (Im englischen Sprachgebrauch wird er deshalb auch zu den Sandwiches gerechnet.) Zwischen zwei Brötchenhälften kommt ein warmer Gemüsebratling, dazu verschiedene frische Zutaten wie Salatblätter, Gurken- und Tomatenscheiben. Etwas Senf und Ketchup machen das Ganze saftig, ein Klacks Gurken-Relish sorgt für den authentischen Geschmack. Wer mag, kann all das auf ganz verschiedene Art und Weise mit weiteren Zutaten kreativ abwandeln.

Dagegen ist doch eigentlich nichts einzuwenden, oder? Ohne die öde Fast-Food-Bulette kann aus einem Burger eine richtig gute, vegetarische Mahlzeit werden.

Grundrezept Veggieburger

Für alle Burger gilt im Prinzip die gleiche Bauanleitung. Um sie nicht ständig wiederholen zu müssen, wird die Sache hier einmal grundsätzlich erklärt. Mögliche Variationen werden bei den einzelnen Rezepten aufgeführt. Also: Nix wie ran an die Veggie-Bulette!

4 vegetarische Bratlinge
(Rezepte ab Seite 61)
4 Brötchen
(Rezept Seite 59)
2 EL Olivenöl
4 EL Senf
1 Gewürzgurke, längs in Streifen geschnitten, oder 4 EL Gurken-Relish (Rezept Seite 60)
¼ Eisbergsalat, klein geschnitten
1 Frühlingszwiebel, klein gehackt
1 Fleischtomate, in 4 Scheiben geschnitten
4 EL Tomatenketchup

○ Bratlinge nach den Angaben im gewählten Rezept ab Seite 61 braten und im Ofen bei 150 °C warm stellen.

○ Brötchen aufschneiden und mit den Innenseiten nach unten in einer Pfanne mit Olivenöl rösten.

○ Untere Hälften der Brötchen mit Senf bestreichen.

○ Den Bratling jeweils auf eine Unterseite setzen und mit Gurkenstreifen belegen oder Gurken-Relish bestreichen.

○ Salat, Frühlingszwiebel und Tomatenscheibe jeweils auflegen.

○ Die oberen Hälften der Brötchen mit Ketchup bestreichen und darüberklappen.

Variationen: *Statt Senf und Ketchup können auch Grillsauce, Remoulade, Kräuterremoulade, Kräuterquark, Schmand, Mayonnaise oder Tofunaise verwendet werden.*

Tipp:
Alle auf den folgenden Seiten vorgestellten Bratlinge schmecken natürlich auch ohne Burger-Drumherum wunderbar zu Kartoffeln, leckeren Saucen und einem frischen Salat sowie kalt als Brotbelag, zum Beispiel auf dem Schulbrot. Experimentieren ist ausdrücklich erlaubt!

Anregungen / Meinungen / Kritik:

....

....

....

....

....

....

....

☐ Schicken Sie mir bitte kostenlos Informationen über Ihr Gesamtprogramm

☐ Schicken Sie mir auch aktuelle Informationen per E-Mail (max. 3- bis 4-mal pro Jahr):

Meine E-Mail-Adresse: .... @ ....

Absender/in:

Außerdem bei uns im Programm:
Wolf Richard Günzel
**Der hummelfreundliche
Garten**
Nisthilfen • Blütenpflanzen •
Gartengestaltung
ISBN: 978-3-89566-276-8
überall, wo es Bücher gibt

Antwort

pala-verlag
Postfach 11 11 22

64226 Darmstadt

Bitte
ausreichend
frankieren!

Grundrezept Vollkornbrötchen

Gekaufte Hamburger-Brötchen sind oft labberige Weißmehlprodukte. Wer es lieber etwas fester mag, holt beim Bio-Bäcker große Sesamvollkornbrötchen oder backt sich gleich selbst die passenden Brötchen mit Vollkornmehl.

○ Mehl und Salz in einer großen Schüssel mischen. Wasser und Hefe verrühren und über das Mehl gießen. Mit einem Holzlöffel grob vermengen und den Teig 10 Minuten gehen lassen.

○ Mit dem Knethaken der Küchenmaschine oder den Handballen den Teig gut durchkneten, bis eine glatte Kugel entsteht. Den Teig zugedeckt an einem warmen Ort weitere 30 Minuten gehen lassen.

○ Sesam auf einen Teller geben.

○ Den Teig noch einmal kurz durchkneten, zu zehn Brötchen formen und mit den Oberseiten kurz auf den Sesam legen, sodass ein Teil der Samen am Teig hängen bleibt.

○ Die Brötchen auf ein gefettetes Backblech setzen und bei 200 °C etwa 20 bis 25 Minuten backen.

○ Dazu ein ofenfestes Schälchen mit Wasser in den Backofen stellen, damit die Kruste der Brötchen nicht zu hart wird.

Für 10 Brötchen:
500 g Weizenvollkornmehl
1 TL Salz
350 ml warmes Wasser
1 Päckchen Trockenhefe
5 EL Sesamsamen
Fett für das Blech
Wasser zum Backen

Grundrezept Gurken-Relish

Natürlich kann man auch einfach eine Gewürzgurke aufschneiden. So richtig gut schmecken die meisten Burger meiner Meinung nach aber eigentlich nur mit einem guten Gurken-Relish. Deshalb hier das Grundrezept.

1 mittelgroße Gewürzgurke, grob in Stücke geschnitten
6 Balsamico-Zwiebeln (Rezept siehe unten)
2 EL Tomatenketchup
1 EL Tomatenmark
Salz
Pfeffer

○ Gurke, Zwiebeln, Ketchup und Tomatenmark im Mixer oder mit dem Pürierstab pürieren.
○ Das Relish mit Salz und Pfeffer abschmecken.

Balsamico-Zwiebeln

250 g kleine Schalotten, geschält und längs halbiert
20 g Butter oder Margarine
2 EL Honig oder Agavendicksaft
1 Zweig Thymian
Salz
Pfeffer
4 EL dunkler Balsamico-Essig

○ Schalotten in der Butter oder Margarine einige Minuten dünsten.
○ Honig oder Agavendicksaft einrühren. Thymianblättchen abzupfen, fein hacken und ebenfalls einrühren.
○ Mit Salz und Pfeffer würzen und mit dem Balsamico-Essig ablöschen. Bei geringer Hitze etwa 5 Minuten weitergaren lassen.
○ Die Balsamico-Zwiebeln halten sich einige Tage im Kühlschrank und schmecken lecker als Beilage zu allem Gebratenen und zu Gemüsegerichten. Nur 6 Stück brauchen wir für das Gurken-Relish.

»Meine Mutter hat immer ein süßsauer eingelegtes Gemüse für das Abendbrot im Kühlschrank. Am besten schmecken die süßsauren Gurken, Zwiebeln, Kürbisse und Rote Bete, wenn sie Zeit hatte, sie selbst einzulegen.« (Lana)

Zucchiniburger

○ Zucchini in etwas Salzwasser etwa
10 Minuten weich kochen, gut abtropfen
lassen und im Mixer oder mit dem Pürierstab grob pürieren.

○ Die Zwiebel im Öl glasig dünsten.

○ Zucchinimasse mit Zwiebel, Petersilie,
Semmelbröseln, Käse und Ei vermischen
und mit Salz und Pfeffer würzen.

○ Nach Bedarf Mehl hinzufügen, bis ein weicher, formbarer Teig entsteht. Einige Zeit
ruhen lassen.

○ Mit nassen Händen (sonst klebt's!) vier
Bratlinge formen. Zucchinibratlinge in
Mehl wälzen und in heißem Olivenöl von
beiden Seiten goldbraun braten.

○ Die Bratlinge warm halten und nach dem
Grundrezept auf Seite 58 vier Veggieburger
zusammenstellen.

350 g Zucchini,
in Scheiben geschnitten
Salz
etwas Wasser
1 kleine Zwiebel,
geschält und gehackt
1 EL Olivenöl
½ Bund Petersilie,
fein gehackt
8 EL Vollkornsemmel-
brösel
70 g Parmesan,
frisch gerieben
1 Ei
Pfeffer
Weizenvollkornmehl
nach Bedarf
Olivenöl zum Braten

Kichererbsenburger

Zerkrümeltes Vollkornbrot gibt diesen feinen Burgern Halt. Ein Rezept, bei dem nichts schiefgehen kann! Nur rechtzeitig daran denken, die Kichererbsen über Nacht einzuweichen und etwa 90 Minuten gar zu kochen! (Wenn nicht, Kichererbsen aus dem Glas verwenden.)

250 g Kichererbsen, gegart
250 ml Gemüsebrühe
4 Scheiben Vollkorntoast-
brot, fein zerkrümelt
2 Knoblauchzehen,
geschält und zerdrückt
1 TL Zitronensaft
1 TL grüne Tabascosauce
½ TL Schwarzkümmel
oder Koriander,
gemahlen
Salz
Pfeffer
Olivenöl zum Ausbacken

○ Gegarte Kichererbsen mit der Gemüsebrühe im Mixer oder mit dem Pürierstab pürieren.

○ Mit Toastkrümeln, Knoblauch, Zitronensaft und Gewürzen gut vermischen.

○ Die Teigmasse mit einem Löffel in vier Portionen in eine Pfanne mit heißem Öl geben und leicht flach drücken (etwa 1 cm dick).

○ Die Bratlinge von beiden Seiten goldbraun ausbacken und warm halten.

○ Nach dem Grundrezept auf Seite 58 vier Veggieburger zusammenstellen.

Maisburger

○ Die geschälten Maiskolben in kochendem
Wasser etwa 15 Minuten garen und die
Körner von den Kolben lösen. Oder die
Maiskörner aus dem Glas gut abtropfen
lassen. Etwas Koch- oder Abtropfflüssigkeit
zurückbehalten.

○ Mehl mit den Eiern und dem Maiswasser
zu einem dickflüssigen Teig verrühren.

○ Maiskörner unterziehen und mit Salz und
Pfeffer würzen.

○ Öl in einer größeren Pfanne erhitzen. Mit
einem Esslöffel den Teig in vier Portionen
in das heiße Öl geben und leicht flach drücken (etwa 1 cm dick). Von beiden Seiten
goldbraun ausbacken.

○ Die Bratlinge warm halten, nach dem
Grundrezept auf Seite 58 vier Veggieburger
zusammenstellen und sofort servieren.

*2 frische Maiskolben
oder 285 g Gemüsemais,
gegart
Wasser zum Kochen
100 g Weizenvollkornmehl
2 Eier
Salz
Pfeffer
Olivenöl zum Ausbacken*

Tipp:
Statt Mais kann
auch jedes andere klein-
teilige Lieblingsgemüse
zum Einsatz kommen, z. B.
Erbsen, Kidneybohnen,
klein gewürfelte Paprika-
schote …

Sojaburger

Der Sojaburger aus Sojagranulat kommt dem Original-Hamburger geschmacklich am nächsten.

100 g Sojagranulat
»naturell«
200 ml heiße
Gemüsebrühe
1 kleine Zwiebel, geschält
und fein gehackt
1 Knoblauchzehe,
geschält und zerdrückt
2 Eier
20 g Weizenvollkornmehl
50 g Vollkornsemmel-
brösel
½ Bund Petersilie,
fein gehackt
½ Bund Schnittlauch,
in feine Röllchen
geschnitten
1 TL Sojasauce
Salz
Pfeffer
Olivenöl zum Braten

○ Sojagranulat mit der Gemüsebrühe kurz aufkochen und 10 bis 12 Minuten quellen lassen. Eventuell noch nicht aufgesogene Flüssigkeit abtropfen lassen. Danach Zwiebel und Knoblauch unterrühren.

○ Eier, Mehl und Semmelbrösel verrühren und mit den Kräutern unter das Granulat kneten. Mit Sojasauce, Salz und Pfeffer pikant würzen.

○ Öl in einer größeren Pfanne erhitzen. Mit einem Esslöffel den Teig in vier Portionen in das heiße Öl geben und leicht flach drücken (etwa 1 cm dick). Von beiden Seiten goldbraun ausbacken.

○ Die Bratlinge warm halten, nach dem Grundrezept auf Seite 58 vier Veggieburger zusammenstellen und sofort servieren.

Tipp:
Mit je 1 Scheibe Käse auf den Bratlingen, verwandelt sich der Sojaburger in einen »Cheeseburger«.

Tommis Texmex-Burger

Wer beim Kochen schöne Farben liebt, kommt beim herrlichen Violett des Bohnenpürees voll auf seine Kosten. Die Burger werden sehr schön weich, würzig und saftig. Sollte im Naturkostladen kein geröstetes Kichererbsenmehl vorrätig sein, ist eine fertige Falafel-Mischung ein guter Ersatz. Da sie schon gewürzt ist, später beim Abschmecken dann bitte etwas zurückhaltender sein.

○ Bohnen gut abtropfen lassen und im Mixer oder mit dem Pürierstab pürieren.

○ Bohnenpüree mit Zwiebel, Kichererbsenmehl, Tabascosauce und Kreuzkümmel gut vermischen.

○ Den Teig mit Salz abschmecken und mit nassen Händen vier Buletten formen.

○ Öl in einer größeren Pfanne erhitzen und die Bratlinge von beiden Seiten kräftig anbraten.

○ Die Bratlinge warm halten und nach dem Grundrezept auf Seite 58 vier Veggieburger zusammenstellen. Statt Senf, Ketchup und Gurken-Relish dabei jedoch scharfe Grill-sauce und saure Sahne oder Sojasahne verwenden.

250 g Kidneybohnen, gegart
1 Zwiebel, geschält und fein gehackt
50 g geröstetes Kichererbsenmehl
einige Spritzer Tabascosauce
1 TL Kreuzkümmel, gemahlen
Salz
Olivenöl zum Braten
4 EL scharfe Grillsauce
4 EL saure Sahne oder Sojasahne

»Inzwischen nehme ich immer zwei Pausenburger mit vegetarischer Füllung mit, weil sich immer mehr finden, die mit mir tauschen wollen.« (Tim)

Sunflower-Burger

2 Zwiebeln, geschält
und fein gehackt
2 EL Sonnenblumenöl
100 g Sonnenblumen-
kerne, im Mixer grob
zerkleinert
180 ml Wasser
1 – 2 Scheiben Vollkorn-
toastbrot, fein zerbröselt
1 Möhre,
grob geraspelt
1 Knoblauchzehe,
geschält und zerdrückt
1 TL Majoran,
fein gehackt
1 EL Petersilie,
fein gehackt
1 TL Gemüsebrüheextrakt
Salz
Pfeffer
Vollkornsemmelbrösel
Öl zum Braten

○ Zwiebeln im Öl andünsten, Sonnenblumenkerne zugeben und mitbraten. Wasser
zugießen und zum Kochen bringen.

○ Den Topf vom Herd nehmen, Toastbrösel,
Möhre, Knoblauch, Majoran und Petersilie
unterrühren und mit Gemüsebrüheextrakt,
Salz und Pfeffer abschmecken.

○ Die Burgermasse etwa 15 Minuten
abkühlen und durchziehen lassen. Eventuell
noch vorhandene Flüssigkeit abgießen.

○ So viel Vollkornsemmelbrösel unterkneten,
dass die Masse fest und formbar wird.

○ Öl in einer Pfanne erhitzen. Mit einem
Esslöffel den Teig in vier Portionen in das
heiße Öl geben und leicht flach drücken
(etwa 1 cm dick).

○ Die Bratlinge im Öl knusprig braun aus-
braten und warm halten. Nach dem Grundrezept auf Seite 58 vier Veggieburger
zusammenstellen und sofort servieren.

»Erst hat sich Papa über
unsere Bratlinge immer nur lustig
gemacht und sie ›falsche Fuffziger‹ und
›was für müde Männer‹ genannt. Jetzt sagt
er schon mal, dass wir für ihn ruhig auch einen
mitbraten könnten.« (Madeleine)

Feta-Zucchini-Burger

Saftig und weich. Der ideale Burger für junge Leute – und natürlich für alle, die Schafskäse mögen.

○ Zwiebel und Knoblauch mit Zucchini-raspeln, Petersilie und Feta verrühren.

○ Das Ei mit der Gabel verquirlen und zusammen mit dem Mehl hinzufügen. Gut mischen und mit Salz, Pfeffer und Tabasco-sauce kräftig würzen.

○ Mit einem Esslöffel den Teig in vier Portionen in das heiße Öl geben und leicht flach drücken (etwa 1 cm dick).

○ Die Bratlinge von beiden Seiten goldbraun ausbacken. (Sie sind ziemlich weich, deshalb mit dem Wenden warten, bis die Unterseite wirklich schön braun ist, und vorsichtig mit einem breiten Pfannen-wender anheben.)

○ Die Bratlinge warm halten, nach dem Grundrezept auf Seite 58 vier Veggieburger zusammenstellen und sofort servieren.

1 kleine Zwiebel, geschält und fein gehackt
1 Knoblauchzehe, geschält und zerdrückt
200 g Zucchini, grob geraspelt
3 TL Petersilie, fein gehackt
100 g Schafskäse (Feta), mit der Gabel zerdrückt
1 Ei
50 g Weizenvollkornmehl
Salz
Pfeffer
einige Spritzer grüne Tabascosauce
Olivenöl zum Braten

Tipp:
Statt Schafskäse kann auch zer-drückter Tofu ver-wendet werden.

Allerschnellster Tofuburger

Mindestens 1 Stunde lang sollte der Tofu schon in der ebenso einfachen wie raffinierten Marinade ziehen. Ab dann aber geht alles ratzfatz und im Handumdrehen sind die Burger fertig.

200 g Tofu (natur)
3 – 5 EL Sojasauce
einige Spritzer flüssiges
   Raucharoma
   (»Liquid Smoke«, aus
   dem Feinkostladen)
Olivenöl zum Braten

○ Den Tofu in möglichst große, etwa ½ cm dicke Scheiben schneiden.

○ Sojasauce und Raucharoma in einem fest verschließbaren Gefäß verrühren und die Tofuscheiben hineinlegen.

○ Das Gefäß gut schließen und immer wieder einmal vorsichtig schütteln und wenden, sodass der Tofu überall mit der Flüssigkeit in Berührung kommt. Den Tofu 1 Stunde oder auch länger marinieren.

○ Öl in einer Pfanne erhitzen und die Tofuscheiben darin von beiden Seiten kräftig braten.

○ Tofuscheiben warm halten, nach dem Grundrezept auf Seite 58 vier Veggieburger zusammenstellen und sofort servieren.

Tipp:
In einem gut sortierten Gewürz- oder Feinkostladen nach dem flüssigen Raucharoma zu fragen, lohnt sich auf jeden Fall. Mit seiner Hilfe lassen sich pflanzliche Gerichte schön herzhaft abrunden. Nach einer Weile wird man dann immer experimentierfreudiger. Ein besonderes Highlight ist die »Erbsensuppe mit Auberginenspeck« (Rezept Seite 138).

Grünkernburger

Ein Grünkernburger darf natürlich in keinem vegetarischen Kochbuch fehlen!

○ Grünkernschrot in der heißen Brühe 30 Minuten quellen lassen. Unter Umrühren aufkochen und auf der abgeschalteten Platte ausquellen und abkühlen lassen.

○ Zwiebeln und Knoblauch in der Butter glasig dünsten. Grünkern mit Ei, gedünsteter Zwiebel und gedünstetem Knoblauch, Käse oder Tofu , Kräutern und Paprikapulver mischen.

○ Mit nassen Händen vier Bratlinge formen und die Grünkernburger im heißen Öl rundum goldbraun braten.

○ Die Bratlinge warm halten, nach dem Grundrezept auf Seite 58 vier Veggieburger zusammenstellen und sofort servieren.

150 g Grünkern,
   grob geschrotet
125 ml Gemüsebrühe
1 Zwiebel, geschält
   und fein gehackt
1 Knoblauchzehe,
   geschält und zerdrückt
1 EL Butter
   oder Margarine
1 Ei
500 g Räucherkäse,
   in feine Würfel
   geschnitten,
   oder Räuchertofu,
   fein zerkrümelt
2 EL Kräuter (z. B.
   Petersilie, Majoran,
   Liebstöckel, Thymian),
   gehackt
1 TL Rosenpaprikapulver
Olivenöl zum Braten

Tipp:
Auch am nächsten Tag schmecken die Burger noch hervorragend kalt auf Sandwich und Pausenbrot.

Obstburger

Einmal etwas ganz anderes! Süß und saftig ist dieser Obstburger und natürlich auch mit allen anderen Obstarten, die gerade vorrätig sind, befüllbar.

4 Rosinenbrötchen
100 g Magerquark
  oder Seidentofu
50 g Mandelmus
etwas heißes Wasser
1 große Orange, geschält
1 großer Apfel,
  Kerngehäuse
  herausgestochen
2 Kiwis, geschält
4 Aprikosen, entkernt
4 große Erdbeeren

○ Brötchen aufschneiden und die Hälften im Toaster rösten.

○ Quark oder Seidentofu mit Mandelmus verrühren. (Eventuell noch etwas heißes Wasser zugeben, sodass eine streichfähige Masse entsteht.)

○ Brötchenhälften mit der Quarkcreme bestreichen. Das Obst jeweils quer in Scheiben schneiden.

○ Die Brötchenunterseiten jeweils mit den verschiedenen Obstscheiben belegen und die Oberseiten darüberklappen. Mund weit öffnen und beherzt hineinbeißen – aaah!

Gut gewickelt: Wraps & Co.

Die bei Kids und Teens so beliebten Wraps (von dem englischen Verb »to wrap« = wickeln) haben ihren Ursprung in der sogenannten Texmex-Küche. Typisch für diese im Grenzgebiet zwischen Mexiko und dem Südwesten der USA entstandene Kochtradition ist der Rückgriff auf traditionelle mexikanische Spezialitäten (in diesem Fall »Tortillas«) und deren Weiterentwicklung zu eigenständigen Texmex-Gerichten (»Wraps«).

Zum Wrappen werden **Tortillas** aus Mais oder Weizen verwendet, die an Pfannkuchen oder dünnes Fladenbrot erinnern. Als Fertigprodukt gibt es sie inzwischen auch bei uns in jedem gut sortierten Supermarkt zu kaufen. Hat man etwas mehr Zeit, lohnt es sich aber, sie immer öfter einmal selbst zu machen (Grundrezepte Seite 73 und 74). Aus solchen Tortillas Marke Eigenbau lassen sich auch sehr leckere, Fett sparende **Tortillachips** zaubern (siehe Seite 126) – eine wunderbare Knabberei! Mit Käse überbacken werden herzhafte **Nachos** daraus.

Und was lässt sich mit Tortillas sonst noch so anstellen?

Tacos sind kleine, aufgerollte Tortillas mit warmer Füllung, die in der Regel ebenfalls aus der Hand gegessen werden. Messer und Gabel erweisen sich als nützlich, wenn sie überbacken sind und deshalb **Enchiladas** heißen.

Burritos (wörtlich »kleine Esel«) sind größere, gefaltete und gerollte Tortillas mit reichhaltiger Füllung, die sich ebenfalls am besten mit Besteck verzehren lassen. Oft wird die Teigrolle noch zusätzlich mit saurer Sahne bestrichen und mit Salat belegt.

Werden Tortillas und Füllungen einzeln serviert und von jedem Mitessenden individuell gefüllt, werden **Fajitas** daraus.

Nicht gerollte, sondern zusammengeklappte Tortillas mit Käse dazwischen, werden **Quesadillas** genannt – eine besonders schmackhafte Abwandlung!

Doch damit genug der Wrap-Theorie. Die vegetarischen Variationsmöglichkeiten sind unbegrenzt. Und wer in der Zubereitung von Wraps, Tacos, Burritos & Co. bisher noch nicht so bewandert ist, wird begeistert feststellen, wie leicht sich Teenager und Erwachsene mit all diesen Leckereien verwöhnen lassen.

Grundrezept Weizentortillas

Weizentortillas kann man heute fast überall fertig kaufen. Sie lassen sich aber auch ganz leicht selbst zubereiten. In geselliger Runde macht das besonders Spaß. Allerdings muss der Teig 1 Stunde ruhen. Für selbst gemachte Wraps deshalb entsprechend Zeit einplanen!

○ Mehl mit dem Backpulver mischen und mit Salz und Öl verrühren.

○ Nach und nach das warme Wasser zugeben und die Masse zu einem glatten Teig verkneten. (Falls der Teig klebt, noch etwas Mehl zugeben.) Abgedeckt etwa 1 Stunde ruhen lassen.

Für 4 Tortillas:
250 g Weizenvollkornmehl
1 TL Weinsteinbackpulver
½ TL Salz
2 EL Rapsöl
175 ml warmes Wasser
Mehl für die Arbeitsfläche

○ Den Teig in vier gleich große Stücke aufteilen, zu Kugeln formen und mit dem Nudelholz auf einer bemehlten Fläche zu flachen Fladen mit etwa 23 cm Durchmesser ausrollen.

○ Die Fladen nach und nach in eine ohne Fett erhitzte Pfanne legen und von jeder Seite etwa 1 Minute braten, bis der Teig Blasen schlägt. (Nicht zu lange erhitzen, damit sie nicht zu hart werden. Sonst lassen sie sich nicht mehr rollen!)

○ Fertige Tortillas abgedeckt auf einem Teller sammeln und warm halten, bis sie gefüllt werden.

Grundrezept Maistortillas

Auch dieser Teig muss mindestens 30 Minuten ruhen – ausreichend Zeit einplanen!

Weil der Teig brüchiger ist, werden die Maistortillas nicht so groß wie ihre aus Weizen hergestellten Verwandten.

Für 12 kleine Tortillas:
250 g Maismehl
100 g Weizenvollkornmehl
200 ml Wasser
1 Ei
½ TL Salz
etwas Wasser und
 Weizenvollkornmehl
 nach Bedarf
Mehl für die Arbeitsfläche
Öl zum Braten

○ Maismehl und Weizenmehl mischen und mit Ei, Salz und dem Wasser verrühren. Dabei das Wasser nach und nach zugeben und die Masse zu einem glatten Teig verkneten. (Bei Bedarf noch etwas Wasser oder Weizenmehl zugeben, bis ein weicher, aber nicht mehr allzu klebriger Teig entstanden ist.)

○ Den Teig abgedeckt 30 bis 60 Minuten ruhen lassen.

○ Golfballgroße Stücke vom Teig abnehmen und zu Kugeln drehen. Die Teigkugeln auf einer bemehlten Arbeitsfläche dünn ausrollen oder einfach mit den Händen flach drücken.

○ Die Tortillas in heißem Öl auf jeder Seite etwa 3 bis 4 Minuten braten. (Beim Braten werden die weichen Fladen fest.)

○ Fertige Tortillas abgedeckt auf einem Teller sammeln und warm halten, bis sie gefüllt werden.

Tipp:
Maistortillas sind nur bedingt zum Wickeln geeignet. Ungerollte, überbackene Varianten sind einfacher zuzubereiten. Einen schnellen Gaumenschmaus erhält man, wenn man sie mit je 1 Scheibe Käse und 1 Klacks saurer Sahne belegt und im Ofen erhitzt, bis der Käse geschmolzen ist.

Pizza-Wraps

Wer Pizza mag, sagt ganz bestimmt auch bei diesen Pizza-Wraps nicht nein!

○ Tortillas nach dem Grundrezept auf Seite 73 zubereiten und auf große Backbleche legen.

○ Zwiebel im Olivenöl glasig dünsten, klein geschnittene Tomaten und Oregano zugeben und etwa 10 Minuten leise köcheln lassen.

○ Tomatensauce mit Salz und Pfeffer würzen und auf die Tortillas streichen.

○ Das Pesto in Klecksen aufsetzen und alles mit Käse bestreuen.

○ Bei 180 °C etwa 10 Minuten backen. Die Wraps von einer Seite her jeweils zu einer großen Rolle zusammendrehen und sofort servieren.

*4 Weizentortillas
(Grundrezept Seite 73)
½ Zwiebel, geschält
und fein gehackt
1 EL Olivenöl
4 reife Tomaten,
überbrüht und gehäutet
½ TL Oregano, getrocknet
Salz
Pfeffer
4 TL Basilikumpesto
50 g Parmesan,
frisch geraspelt*

75

Erdnuss-Bananen-Wraps

*4 Weizentortillas
  (Grundrezept Seite 73)
200 g Knuspermüsli
  (Rezept Seite 162)
8 EL Vanillejoghurt oder
  Vanille-Sojajoghurt
4 TL Honig
  oder Agavendicksaft
4 Bananen,
  geschält und in dünne
  Scheiben geschnitten
8 EL Erdnussmus*

○ Tortillas nach dem Grundrezept auf Seite 73 zubereiten.

○ Knuspermüsli, Joghurt oder Sojajoghurt und Honig oder Agavendicksaft miteinander verrühren und die Bananenscheiben vorsichtig unterziehen.

○ Tortillas kurz in einer Pfanne ohne Fett erwärmen und mit je 2 EL Erdnussmus bestreichen (am Rand 1,5 cm frei lassen).

○ Die Bananen-Joghurt-Mischung jeweils auf die Mitte der ausgebreiteten Tortillas geben. Jeweils das untere Ende der Tortilla bis zur Mitte hochschlagen, danach erst die rechte und dann die linke Seite über die Füllung klappen und sofort servieren.

»Mein Frühstücks-Wrap! Aber auch nachmittags lecker statt Kuchen zum Energie-Auftanken nach der Schule.« (Andy)

Grüne Wraps

Saftig und pikant. Sehr schön für's Party-Büfett!

○ Tortillas nach dem Grundrezept auf Seite 73 zubereiten.

○ Spinat mit etwas Wasser kurz dünsten (oder auftauen), gut abtropfen lassen und ausdrücken.

○ Erbsen etwa 10 Minuten in wenig Wasser garen und abgießen. Mit Essig, Honig oder Agavendicksaft und Thymian mischen und zur Seite stellen.

○ Den Spinat fein schneiden, mit Frischkäse, Parmesan, Mayonnaise, Meerrettich und Muskat vermischen und mit Salz und Pfeffer abschmecken.

○ Zuerst die Spinatmischung, dann die Erbsen und zuletzt die Frühlingszwiebeln und die Petersilie gleichmäßig auf die Tortilla-Fladen verteilen und leicht fest drücken (dabei am Rand etwa 3 cm frei lassen).

○ Die Fladen von unten nach oben aufrollen. (Am besten geht das, wenn die Fladen noch warm sind; falls sie schon abgekühlt sind, kurz im Backofen aufwärmen.)

○ Mit einem Sägemesser die einzelnen Rollen jeweils schräg in vier gleich große Teile schneiden (Messer zwischendurch sauber wischen). Die Rollen eventuell mit Zahnstochern sichern und auf einer Platte (z. B. auf Radicchioblättern) anrichten. Bis zum Servieren in den Kühlschrank stellen.

4 Weizentortillas
  (Grundrezept Seite 73)
300 g Blattspinat,
  frisch oder tiefgekühlt
etwas Wasser
400 g grüne Erbsen,
  frisch oder tiefgekühlt
1 EL Balsamico-Essig
2 TL flüssiger Honig
  oder Agavendicksaft
½ TL getrockneter
  Thymian
250 g Frischkäse
40 g Parmesan,
  frisch gerieben
2 EL Mayonnaise
1 TL Meerrettich,
  gerieben
1 Messerspitze
  Muskatnuss,
  frisch gerieben
Salz
Pfeffer
4 Frühlingszwiebeln,
  klein geschnitten
½ Bund Petersilie,
  fein gehackt
eventuell Zahnstocher

Reis-Wraps

Schön, wenn von einer anderen Mahlzeit Reis übrig geblieben ist. Natürlich lassen sich aber auch alle anderen gekochten Körner wie Hirse, Quinoa oder Zartweizen verwenden.

100 g Vollkornreis
250 ml Wasser
4 Weizentortillas
(Grundrezept Seite 73)
½ Salatgurke, geschält
und klein gewürfelt
2 Tomaten,
entkernt und
fein gewürfelt
½ Avocado,
geschält, entkernt
und fein gewürfelt
2 Frühlingszwiebeln,
klein gehackt
2 Zweige frische Minze,
fein gehackt
4 EL Joghurt
oder Sojajoghurt
2 EL Olivenöl
Salz
Pfeffer
einige Spritzer
grüne Tabascosauce

○ Reis in das heiße Wasser einrieseln lassen und nach Packungsangabe bei schwacher Hitze garen.

○ Tortillas nach dem Grundrezept auf Seite 73 zubereiten.

○ Den abgekühlten Reis mit Gurke, Tomaten, Avocado, Zwiebeln und Minze mischen.

○ Joghurt oder Sojajoghurt mit Olivenöl verrühren und unterziehen.

○ Die Reisfüllung mit Salz, Pfeffer und grüner Tabascosauce kräftig abschmecken und jeweils auf die Mitte der ausgebreiteten Tortilla geben.

○ Jeweils das untere Ende der Tortilla bis zur Mitte hochschlagen, danach erst die rechte und dann die linke Seite über die Füllung klappen und sofort servieren.

Salat-Wheaty-Wraps

Diese Wraps sind ganz besonders schnell gemacht.

○ Tortillas nach dem Grundrezept auf Seite 73 zubereiten.

○ Mit der Mayonnaise oder Tofunaise bestreichen. Die Salatstreifen darauf verteilen und andrücken.

○ Tortillas jeweils mit 1 Scheibe Seitan-Aufschnitt und mit Tomatenscheiben belegen, mit Schnittlauchröllchen bestreuen.

○ Die untere Hälfte der Tortilla jeweils über die Füllung schlagen und anschließend die Fladen von einer Seite zur anderen möglichst fest zusammenrollen. Mit einem Sägemesser in jeweils vier gleich große Teile schneiden (Messer zwischendurch sauber wischen), eventuell mit Zahnstochern sichern und auf einer Platte (z. B. auf Blattsalat) anrichten.

4 Weizentortillas (Grundrezept Seite 73)
4 EL Mayonnaise oder Tofunaise
100 g gemischter Blattsalat, in feine Streifen geschnitten
4 Scheiben Seitan-Aufschnitt
2 Tomaten, in dünne Scheiben geschnitten
4 EL Schnittlauch, in Röllchen geschnitten
eventuell Zahnstocher

»Super in der Pausendose! Die anderen sind immer ganz neidisch, wenn ich sie auspacke ...« (Tim)

Black Bean Burritos

Burritos sind eine echte Hauptmahlzeit. Sie werden großzügig befüllt und zu prallen Paketen gefaltet, denen man am besten mit Messer und Gabel zu Leibe rückt. Vorsicht beim Umgang mit scharfem Chili – vor allem die Kerne nur mit Küchenkrepp anfassen!

8 Weizentortillas
(doppeltes Grundrezept
Seite 73)

Für die Füllung:
1 Zwiebel
2 Knoblauchzehen
1 rote Chilischote
2 EL Öl
250 g Zucchini,
fein gewürfelt
2 Tomaten,
gehäutet und geviertelt
250 g schwarze Bohnen,
gegart
2 EL Maismehl
½ TL Oregano, getrocknet
½ TL Paprikapulver
½ TL Kreuzkümmel,
gemahlen
Salz
Pfeffer
Tabascosauce

150 g Avocadocreme
(Rezept Seite 97)
¼ Eisbergsalat,
fein gehackt
2 Tomaten, gewürfelt
50 g Cheddar, geraspelt
150 ml Salsa
(Rezept Seite 126)
150 g saure Sahne
oder Sojasahne

○ Beim Grundrezept auf Seite 73 alle Zutaten verdoppeln, den Teig nach der dortigen Beschreibung zubereiten und daraus acht Tortillas zubereiten. Auf einem Teller sammeln und warm halten.

○ Für die **Füllung** Zwiebel und Knoblauch schälen, Zwiebel hacken und Knoblauch zerdrücken. Chili entkernen und fein schneiden. Zwiebel, Knoblauch und Chili in Öl andünsten.

○ Zucchini, Tomaten und gegarte Bohnen zugeben und mitdünsten lassen.

○ Das Maismehl unterrühren und mit den Gewürzen pikant abschmecken.

○ Pro Person zwei Tortillas mit Avocadocreme bestreichen. Zu jeweils gleichen Teilen Eisbergsalat, Tomatenwürfel und die heiße Füllung in die Mitte geben, jeweils mit 2 bis 3 EL Käse bestreuen.

○ Tortillas oben und unten 1 bis 2 cm breit einklappen und dann von den Seiten her aufrollen. Mit je einem Klecks Salsa und saurer Sahne oder Sojasahne sofort servieren.

Enchiladas à la Karo

Wer erinnert sich noch? Enchiladas sind Tacos, die mit einer Füllung zusammengerollt und anschließend im Ofen überbacken werden. Auch hier bitte wieder Obacht beim Umgang mit den scharfen Chilischoten!

○ Von allen auf Seite 73 angegebenen Zutaten für die Tortillas die doppelte Menge nehmen und nach dem dort beschriebenen Rezept acht Tortillas zubereiten, auf einem Teller sammeln und warm stellen

○ Zucchino, Paprika und Aubergine in einer großen Pfanne im Öl bissfest dünsten. Mais und Kidneybohnen unterrühren und noch etwas mitdünsten lassen.

○ Tomaten in einem Kochtopf geben und zerdrücken, mit Salz, Pfeffer und Chili würzen und einmal aufkochen lassen.

○ Jeweils etwas von der Gemüsefüllung in die Mitte der Tortilla geben. Etwas Tomatensauce, saure Sahne oder Sojasahne daraufgeben und die Tortillas aufrollen. (Nicht zu viel nehmen, sonst lassen sie sich nicht mehr schließen.)

○ Die Tortillas in eine gefettete Auflaufform legen und mit der restlichen sauren Sahne oder Sojasahne sowie der restlichen Tomatensauce bestreichen. Zum Schluss mit dem Käse bestreuen und bei 180 °C etwa 15 bis 20 Minuten überbacken.

*8 Weizentortillas
(doppeltes Grundrezept
Seite 73)
1 kleiner Zucchino,
fein gewürfelt
je 1 rote und 1 gelbe
Paprikaschote, entkernt
und fein gewürfelt
1 kleine Aubergine,
fein gewürfelt
4 EL Olivenöl
150 g Gemüsemais, gegart
250 g Kidneybohnen,
gegart
400 g Tomaten,
geschält, mit Saft
Salz
Pfeffer
1 – 2 rote Chilischoten,
entkernt und fein
gehackt
200 ml saure Sahne
oder Sojasahne
Butter oder Margarine
für die Form
100 g Emmentaler,
frisch gerieben*

»Meinetwegen braucht das Ganze nicht jedes Mal überbacken zu sein. Ganz oft stellen wir einfach bloß die Pfanne mit der heißen Füllung und die Sauce auf den Tisch, jeder bekommt eine Tortilla, befüllt sie selbst, wickelt sie zusammen und isst sie gleich so aus der Hand.« (Karo)

Zucchini-Enchiladas

Die Zucchini-Enchiladas sind schnell zusammengerollt und schmecken herrlich saftig und pikant. Wer's nicht so scharf mag, nimmt weniger Chilischoten oder lässt sie ganz weg. Manchen genügen auch ein paar Spritzer Tabascosauce für den leichten Schärfe-Kick.

*12 kleine Weizentortillas
(doppeltes Grundrezept
Seite 73)
Mehl für die Arbeitsfläche
2 Zwiebeln,
geschält und gehackt
3 EL Olivenöl
2 Fleischtomaten,
überbrüht, geschält
und gewürfelt
1 – 2 rote Chilischoten,
entkernt und
fein gehackt
oder einige Spritzer
Tabascosauce
Salz
500 g Zucchini,
grob geraspelt
Öl für die Form
100 g Edamer oder
Emmentaler,
frisch gerieben*

O Beim Grundrezept für die Tortillas auf Seite 73 alle Zutaten verdoppeln, den Teig nach der dortigen Beschreibung zubereiten.

O Den Teig in 12 gleich große Stücke aufteilen. Zu Kugeln formen und mit dem Nudelholz auf einer bemehlten Arbeitsfläche zu relativ kleinen Fladen mit etwa 15 cm Durchmesser ausrollen.

O Die Fladen nach und nach in eine ohne Fett erhitzte Pfanne legen und von jeder Seite etwa 1 Minute braten, bis der Teig teilweise bräunlich wird. Abgedeckt auf einem Teller sammeln.

O Zwiebeln in 2 EL Öl glasig dünsten, Tomaten und Chili zugeben, mit Salz abschmecken und eine Weile köcheln lassen, bis die Sauce eingedickt ist.

O Zucchini im restlichen Öl etwa 3 Minuten dünsten und leicht salzen.

O Die Tortillas dünn mit der Tomatensauce bestreichen, mit Zucchiniraspeln belegen, zusammenrollen und nebeneinander in eine breite, gefettete Auflaufform legen.

O Noch einmal dünn mit Tomatensauce bestreichen.

O Käse darüberstreuen und die Enchiladas bei 180 °C etwa 20 Minuten überbacken.

Quesadillas

Quesadillas sind geklappte, nicht gerollte Tortillas mit Käsefüllung. Sehr schön als Zubiss zu Salat oder Suppe oder als Fingerfood in gemütlicher Abendrunde.

○ Eine Tortilla ohne Fett in eine heiße Pfanne legen und mit der Hälfte des Käses bestreuen. (Dabei einen Rand von 1,5 cm Breite frei lassen.)

○ Die Hälfte der Paprikastreifen darauf verteilen. Eine zweite Tortilla wie einen Deckel darüberlegen, etwas andrücken und bei schwacher Hitze braten, bis der Käse geschmolzen ist. (Dabei die Quesadilla einmal wenden.)

○ Die fertige Quesadilla im vorgeheizten Ofen bei etwa 80 °C warm halten, bis die zweite Portion auf die gleiche Weise zubereitet ist.

○ Auf große Teller geben und in Tortenstücke aufschneiden. Je einen Klecks saure Sahne aufsetzen und mit Tomaten- und Avocadowürfeln bestreuen.

4 Weizentortillas
(Grundrezept Seite 73)
100 g Emmentaler,
frisch gerieben
1 rote oder grüne Paprikaschote, in feine Streifen geschnitten
2 EL saure Sahne
1 kleine Tomate, gewürfelt
½ Avocado, entkernt, geschält und fein gewürfelt

Geil!

Süße Tacos

Wer im chinesischen Restaurant oder beim Grillabend gern gebackene Bananen mag, wird sich nach diesen süßen Tacos die Finger lecken. Ein toller Nachtisch für alle, die es gern richtig süß mögen.

4 reife Bananen
4 Weizentortillas
  (Grundrezept Seite 73)
3 EL Vollrohrzucker
1 TL Zimt, gemahlen
Öl zum Braten
eventuell Zahnstocher
Honig oder Ahornsirup
  nach Belieben

O Bananen schälen und in jeden Tortilla-fladen eine Banane gut einrollen und einfalten.

O Zucker und Zimt auf einem Teller mischen.

O Die Tacos in reichlich heißem Bratöl von allen Seiten goldgelb ausbacken und im Zimtzucker wälzen.

O Die Tacos eventuell mit Zahnstochern sichern, in große Stücke schneiden und nach Belieben mit Honig oder Ahornsirup beträufeln.

»Bananen vom Grill – ohne die geht es beim Grillfest für mich gar nicht! Wenn die Schale so richtig schwarz geworden ist, sind die Bananen am leckersten und lassen sich ganz unterschiedlich würzen. Ich bestreue sie am liebsten mit Currypulver, Pfeffer und Paprika. Andere nehmen Schokosauce oder Zucker und Zimt.« (Lewis)

Gut gefüllt: Fladis, Piroggen, Pita-Taschen

Während die im vorigen Kapitel beschriebenen Tortilla-Variationen aus der mittelamerikanischen Texmex-Küche stammen, sind die hier vorgestellten Teigtaschen eher süd- und osteuropäischen Ursprungs. Warum sind sie bei den heutigen Teenies so beliebt? Bestimmt, weil sich die meisten ganz unkompliziert aus der Hand essen lassen. Weil sie unterwegs an fast jeder Straßenecke zu haben sind, sich aber auch zu Hause ganz schnell zubereiten lassen. Weil sie für die neue multinationale Vielfalt in der deutschen Esskultur stehen. Und natürlich: Weil sie ganz einfach super schmecken!

Wie schon bei den Nudelgerichten, Pizzen und Wraps zeigt sich auch bei den gefüllten Taschen: In der vegetarischen Variante mit vielen frischen Zutaten sind die Teenie-Lieblinge ausgesprochen nahrhaft und gesund.

Einen wahren Siegeszug hat das Fladenbrot in den letzten Jahrzehnten in Deutschland erlebt. Nicht nur in türkischen oder griechischen Läden, auch auf allen Wochenmärkten ist es inzwischen zu haben und selbst konventionelle Bäckereien verkaufen es in steigenden Stückzahlen. Kein Wunder, eignet es sich doch hervorragend als Zubiss zu Vorspeisen, Suppen und Salaten. Ebenso gut lässt es sich belegen, füllen und überbacken und bildet eine Grundlage für vegetarische Döner und Fladi-Taschen. Hat man ein wenig Zeit, lässt sich das Fladenbrot natürlich auch zu Hause backen. Ein Grundrezept findet sich auf Seite 86.

Sehr praktisch und handlich sind auch kleinere Brote, die sich zum Füllen eignen. Ein Besuch in einer der türkischen Bäckereien, die es auch in unseren Städten jetzt immer öfter gibt, kann da sehr aufschlussreich sein. Anschauen, fragen, ausprobieren! Es gibt dort so viel zu entdecken ...

Für Familien, die sich öfter vegetarisch gefüllte Brottaschen zubereiten, kann die Anschaffung eines sogenannten »Kontaktgrills« lohnen. Kurz vor dem Befüllen zwischen die heißen Platten gedrückt, lassen sich Brote damit gut aufwärmen, knusprig rösten und noch einmal gut in Form bringen. Das gilt auch für die kleineren Pita-Taschen.

Teigtaschen selbst formen, füllen und backen – auch das geht einfach, z. B. mit fertigem, tiefgefroren gekauftem Blätterteig. Aus einem einfachen Hefeteig mit den verschiedensten Füllungen werden dagegen die leckeren russischen Piroschki gemacht. Unbedingt ausprobieren!

Grundrezept Fladenbrot

1 Päckchen Trockenhefe
oder
1 Würfel frische Hefe
1 TL Vollrohrzucker
300 ml lauwarmes Wasser
500 g Weizenvollkornmehl
½ TL Salz
Fett für das Blech
1 EL Olivenöl
1 TL Sesamsamen
1 TL Kreuzkümmel

O Hefe und Zucker im lauwarmen Wasser auflösen und einige Minuten an einem warmen Ort stehen lassen, bis die Hefe Blasen bildet.

O Mehl und Salz mischen, in eine Schüssel geben und in die Mitte eine Vertiefung (»Vulkankrater«) drücken.

O Die Hefemischung in den Krater gießen. Mit einer Gabel nach und nach immer mehr Mehl seitlich unter die Flüssigkeit rühren. Anschließend das Ganze mit den Handballen so lange kneten, bis ein geschmeidiger Teig entstanden ist. An einem warmen Ort abgedeckt etwa 1 Stunde gehen lassen.

O Den Teig noch einmal kräftig kneten und zu einem 1 bis 1,5 cm dicken Fladen formen, der nach außen hin dicker ist.

O Das Fladenbrot auf ein gefettetes oder mit Backpapier ausgelegtes Blech setzen und mit einem Messerrücken flache Rillen eindrücken.

O Mit Olivenöl einpinseln und mit Sesam und Kreuzkümmel bestreuen.

O Das Brot noch einmal 15 Minuten gehen lassen und schließlich bei 180 °C etwa 20 bis 30 Minuten backen, bis es leicht gebräunt ist.

Warmes Fladenbrot mit Überraschungen

○ Das Fladenbrot, wenn es selbst gebacken wird, nach den Angaben auf Seite 86 zubereiten.

○ In einer nicht zu kleinen Schüssel Gemüse mit Schafskäse, Oliven, Kräutern und Öl mischen und mit Salz und Pfeffer würzen.

○ Fladenbrot aufschneiden (aber nicht durchschneiden!).

○ Gemüse-Käse-Füllung mit einem großen Löffel vorsichtig hineinlöffeln und gut verteilen. (Wenn nötig, mit den Fingern etwas nachhelfen.)

○ Das gefüllte Fladenbrot bei 160 °C (nicht zu heiß, damit das Brot nicht zu trocken wird) 15 bis 20 Minuten backen und noch warm servieren. In Viertel schneiden und genießen!

1 Fladenbrot
 (Grundrezept Seite 86)
150 g Zucchini,
 gewürfelt
150 g Salatgurke,
 geschält und gewürfelt
2 Tomaten,
 gewürfelt
2 Frühlingszwiebeln,
 in Ringe geschnitten
150 g Schafskäse,
 gewürfelt
8 – 10 schwarze Oliven,
 entsteint
1 EL Mittelmeerkräuter,
 frisch oder getrocknet
1 EL Olivenöl
Salz
Pfeffer

»Wer bisher nicht gerne Gemüse isst, weiß vielleicht gar nicht, was er verpasst. Gemüse wird so oft als Zutat zweiter Klasse behandelt, als unwichtige Beilage viel zu lange gekocht und fantasielos angerichtet. Im Grunde braucht man aber bloß den Gedanken zu streichen, dass Fleisch der Hauptbestandteil jeder Mahlzeit ist. Dann ersetzt man nicht einfach nur das Fleisch, sondern schiebt Gemüse, Körner, Bohnen und all die anderen vegetarischen Lebensmittel in den Mittelpunkt des Tellers. Schon wird es superlecker und man wird richtig gut satt.« (Madeleine)

Tofu-Fladi

Damit der Tofu so richtig würzig schmeckt, wird er am Vortag in Olivenöl mit Gyros-Gewürzmischung eingelegt – entsprechend Zeit einplanen!

Zum Einlegen
am Vortag:
2 EL Olivenöl
1 EL Gewürzmischung
  für Gyros
400 g Räuchertofu,
  in sehr dünne Scheiben
  geschnitten

1 Fladenbrot
  (Grundrezept Seite 86)
2 Frühlingszwiebeln,
  in Ringe geschnitten
½ Salatgurke,
  geschält und gewürfelt
2 Tomaten,
  entkernt und gewürfelt
Salz
Pfeffer
250 g Joghurt
  oder Sojajoghurt
1 EL Olivenöl
1 Knoblauchzehe,
  geschält und zerdrückt
1 Zweig Dill,
  fein gehackt
200 g Weißkohl, in feine
  Streifen geschnitten
200 g Rotkohl, in feine
  Streifen geschnitten
4 Spritzer Tabascosauce

○ Das Öl mit der Gewürzmischung verrühren und in einen Gefrierbeutel füllen.

○ Die Tofuscheiben dazugeben und den Beutel schließen. Von außen Beutelinhalt gut durchmischen und den Tofu einen Tag lang durchziehen lassen.

○ Das Fladenbrot, wenn es selbst gebacken wird, nach den Angaben auf Seite 86 zubereiten. Falls nötig, im Backofen bei 180 °C etwa 5 Minuten frisch aufbacken und vierteln.

○ Zwiebeln, Gurke und Tomaten mischen und mit Salz und Pfeffer würzen.

○ Joghurt oder Sojajoghurt mit Olivenöl, Dill und Knoblauch verrühren.

○ Tofuscheiben aus dem Beutel nehmen und in einer gut beschichteten Pfanne scharf anbraten.

○ Fladenbrotviertel an den Spitzen jeweils wie für eine Tasche tief aufschneiden. Falls vorhanden, mit einem Kontaktgrill noch einmal kurz rösten und mit Weißkohl, Rotkohl, Tofu, Joghurtsauce und der Tomaten-Gurken-Zwiebel-Mischung füllen.

○ Jeweils mit einem Spritzer Tabascosauce abrunden und sofort servieren.

Falafel-Fladi

Kichererbsen müssen über Nacht einweichen, bevor sie gekocht und weiterverarbeitet werden können. Bitte entsprechend Zeit einplanen!

○ Das Fladenbrot, wenn es selbst gebacken wird, nach den Angaben auf Seite 86 zubereiten. Wenn nötig, das Fladenbrot frisch aufbacken und anschließend vierteln.

○ Kichererbsen (über Nacht eingeweicht und etwa 90 Minuten gekocht oder fertig gegart aus dem Glas) abtropfen lassen und in eine Schüssel geben. Mit einem Kartoffelstampfer zu Brei zerdrücken.

○ Zwiebel, Knoblauch, Gewürze und Petersilie untermischen. Die Speisestärke einarbeiten und den Teig 30 Minuten kalt stellen.

○ Kleine Bällchen formen, in reichlich Öl knusprig goldbraun braten und auf Küchenkrepp abtropfen lassen.

○ Salatgurke fein reiben, salzen, eine Weile stehen lassen und ausdrücken. Anschließend Joghurt und Gurke mischen, mit Knoblauch, Dill und Pfeffer würzen und mit Olivenöl verfeinern.

○ Fladenbrotviertel an den Spitzen tief aufschneiden, mit Eisbergsalat, Falafel und Zaziki füllen und leicht zusammendrücken.

1 Fladenbrot
(Grundrezept Seite 86)
½ Eisbergsalat,
fein geschnitten

Für die Falafel:
200 g Kichererbsen, gegart
1 Zwiebel, geschält
und fein gehackt
1 Knoblauchzehe,
geschält und zerdrückt
1 Prise Koriander,
gemahlen
1 Prise Kreuzkümmel,
gemahlen
1 Prise Kurkuma,
gemahlen
1 Prise scharfes Rosen-
paprikapulver
Salz
Pfeffer
3 EL Petersilie,
fein gehackt
1 ½ EL Speisestärke
Öl zum Braten

Für das Zaziki:
½ Salatgurke
Salz
250 g Joghurt
½ Knoblauchzehe,
geschält und zerdrückt
1 Zweig Dill, fein gehackt
Pfeffer
1 TL Olivenöl

Tipp:
In türkischen Lebensmittelläden gibt es für wenig Geld sehr praktische Falafel-Former. Die Kichererbsenmasse für je eine Falafel wird oben hineingefüllt und mit dem Gerät in schöner Talerform direkt in die heiße Pfanne gedrückt. Eine originelle, kleine Anschaffung!

Russische Piroschki

Piroschki, auf Deutsch auch »Piroggen« genannt, sind in Russland und vielen anderen osteuropäischen Ländern ein ganz typisches Gebäck. Sie nachzubacken macht besonders in der Gruppe Spaß. Während der Hefeteig geht, ist genug Zeit für die Zubereitung der Füllungen (Rezepte Seite 92). Zwei solcher Füllungen reichen für die hier angegebene Teigmenge.

Für den Teig:
1 Päckchen Trockenhefe
oder
1 Würfel frische Hefe
1 TL Vollrohrzucker
knapp 250 ml lauwarmes
Wasser
500 g Weizenmehl,
Type 1050
1 TL Salz
3 EL weiche Butter
oder Margarine
1 Ei
Füllung nach Wahl
(Rezepte Seite 92)
Fett für das Blech
1 Eigelb

○ Hefe und Zucker im lauwarmen Wasser auflösen und einige Minuten an einem warmen Ort stehen lassen.

○ Mehl und Salz vermischen, in eine Schüssel geben und in die Mitte eine Vertiefung (»Vulkankrater«) drücken.

○ 2 EL Butter oder Margarine und das Ei am Rand des Kraters dazugeben.

○ Die Hefemischung in den Krater gießen. Mit einer Gabel nach und nach immer mehr Mehl sowie Butter oder Margarine und Ei unter die Flüssigkeit rühren. Anschließend das Ganze mit den Handballen so lange kneten, bis ein geschmeidiger Teig entstanden ist. An einem warmen Ort abgedeckt etwa 1 Stunde gehen lassen.

○ Den Teig noch einmal kräftig kneten, golfballgroße Bällchen formen und zu etwa ½ cm dicken Kreisen ausrollen.

»Wie man Piroschki macht, habe ich von meiner Russischlehrerin gelernt. Als ich dann Vegetarierin wurde und meinen Eltern vorschlug, Weihnachten vegetarisch zu feiern, haben wir Piroschki gemacht. Alle waren begeistert.« (Sarah)

○ In die Mitte der Teigkreise je ein bis zwei Esslöffel der auf Seite 92 beschriebenen Füllungen geben. Die Kreise zu halbmondförmigen Taschen zusammenklappen und die Ränder fest zusammendrücken. (Mit dem Griffende eines Esslöffels oder einer Gabel lassen sich hier schöne Muster einprägen.)

○ Die gefüllten Taschen auf ein gefettetes oder mit Backpapier ausgelegtes Blech setzen und mit dem Eigelb bestreichen.

○ Die Piroggen bei 180 °C etwa 25 Minuten backen, bis sie schön gebräunt sind. Noch heiß mit der restlichen Butter oder Margarine bestreichen und etwa 20 Minuten ruhen lassen.

Pilzfüllung für Piroschki

1 Zwiebel
1 EL Butter
  oder Margarine
500 g Champignons
Salz
Pfeffer
½ TL Gemüsebrüheextrakt
2 EL saure Sahne
  oder Sojasahne
einige Zweige Petersilie
  und Dill, fein gehackt

○ Zwiebel schälen, fein hacken und in der Butter oder Margarine glasig dünsten. Pilze putzen, in Scheiben schneiden und dazugeben. Einige Minuten mitdünsten (dabei häufiger umrühren).

○ Mit Salz, Pfeffer und dem Gemüsebrüheextrakt würzen, saure Sahne oder Sojasahne sowie Petersilie und Dill unterheben.

○ Piroschki (Seite 90) damit füllen.

Weißkohlfüllung für Piroschki

350 g Weißkohl,
  grob gehackt
etwas Wasser
2 Zwiebeln, geschält
  und fein gehackt
2 EL Butter
  oder Margarine
½ Bund Schnittlauch
Salz
Pfeffer
Kümmel

○ Weißkohl grob hacken, knapp mit Wasser bedeckt bei schwacher Hitze garen, bis er weich ist. Abgießen und gut abtropfen lassen.

○ Zwiebeln in der Butter oder Margarine glasig dünsten. Weißkohl dazugeben und kurz kräftig mit anbraten. Schnittlauch in feine Röllchen schneiden und unterziehen. Mit Salz, Pfeffer und Kümmel würzen.

○ Piroschki (Seite 90) damit füllen.

Zwiebel-Ei-Füllung für Piroschki

1 Bund Frühlings-
  zwiebeln, fein gehackt
3 EL Butter
  oder Margarine
2 Eier, hart gekocht
Salz
Pfeffer

○ Zwiebeln in der Butter oder Margarine dünsten. (Sie sollen weich werden, aber die grüne Farbe nicht verlieren.)

○ Die Eier pellen und fein schneiden. Mit den Zwiebeln vermischen und mit Salz und Pfeffer würzen.

○ Piroschki (Seite 90) damit füllen.

Cocos Blätterteigtaschen mit Spinat und Schafskäse

○ Tiefkühlspinat rechtzeitig auftauen oder frischen Spinat in wenig Wasser dünsten, abtropfen und etwas abkühlen lassen.

○ Blätterteigtaschen nebeneinander auslegen und etwa 30 Minuten antauen lassen (zwischendurch einmal wenden). Mit einem bemehlten Nudelholz noch etwas ausrollen.

○ Spinat, Schafskäse, Tomaten und Gewürze gut vermischen und etwas zusammenkneten.

○ Die Teigplatten jeweils zur Hälfte mit der Füllung belegen, Teig zusammenklappen und gut andrücken.

○ Die fertigen Taschen auf ein gefettetes Backblech legen, mit Öl bepinseln und mit Sonnenblumen- oder Pinienkernen bestreuen.

○ Die Blätterteigtaschen bei 160 °C etwa 40 Minuten backen, bis sie gut aufgegangen und gebräunt sind.

○ *Vorsicht beim Essen:* Die Taschen sind vor allem innen noch sehr heiß!

800 g Blattspinat, frisch oder tiefgekühlt
8 Scheiben Blätterteig, tiefgekühlt
300 g Schafskäse, klein gewürfelt
300 g Cherrytomaten, halbiert
Salz
Pfeffer
1 TL Muskatnuss, frisch gerieben
Fett für das Blech
3 – 4 EL Olivenöl
Sonnenblumenkerne oder Pinienkerne

»Die Blätterteigtaschen machen echt satt. Was beim warmen Mittag- oder Abendessen nicht verputzt wird, kann am nächsten Tag als Zwischenmahlzeit gegessen oder mit in einen Picknickkorb gepackt werden. Die Taschen schmecken dann auch noch kalt aus der Hand.« (Coco)

Toby-Taschen mit Rührei

Pita-Taschen sind die ideale und zudem essbare Verpackung für kleine, stärkende Mahlzeiten. Vor dem Füllen werden die Taschen im Toaster, unter dem Grill oder im Kontaktgrill geröstet. Sie sollten generell erhitzt und nicht direkt aus der Packung gegessen werden.
In diesem Rezept dienen sie als Behälter für frisch gebratene Rühreier. Eine eifreie Alternative findet sich auf der nächsten Seite.

4 Eier
4 EL Wasser
4 EL Milch
oder Sojadrink
Salz
Pfeffer
Butter oder Margarine
zum Braten
1 EL vegetarische
Worcestersauce
2 Tomaten,
fein gewürfelt
½ grüne Paprikaschote,
fein gewürfelt
25 g Gouda,
frisch gerieben
4 Pita-Taschen
½ Kästchen frische
Kressesprossen

○ Eier, Wasser und Milch oder Sojadrink in einer Schlüssel vorsichtig mit einer Gabel verschlagen und mit Salz und Pfeffer würzen.

○ Die Eimasse bei geringer Hitze in Butter oder Margarine in einer Pfanne stocken lassen und mit Worcestersauce, Salz und Pfeffer würzen.

○ Tomaten, Paprika und Käse unter das Rührei ziehen.

○ Pita-Taschen rösten, aufschneiden (die meisten haben dafür eine bereits vorperforierte Ecke) und vorsichtig auseinanderdrücken.

○ Rührei in die Taschen löffeln und mit Kressesprossen bestreuen. Sofort servieren.

»Weil ich mit den unhandlichen Wraps nicht so gut klar kam, haben meine Freunde für mich immer Pita-Taschen gefüllt. Seitdem heißen sie bei uns nur noch ›Toby-Taschen‹.« (Toby)

Pita-Taschen mit Rührtofu

Kurkuma sorgt für die goldgelbe Färbung dieser schönen Rührei-Alternative. Sollte es wider Erwarten Reste geben, eignen sich diese hervorragend auch als Sandwichfüllung für die Pausendose.

O Brokkoli und Möhren im Olivenöl weich dünsten.

O Den Tofu abtropfen lassen, trockentupfen und fein zerbröseln.

O Nach und nach Frühlingszwiebeln, Knoblauch, Senf, Gewürze und zuletzt den Tofu zur Brokkoli-Möhren-Mischung geben.

O Noch etwa 5 Minuten braten (dabei eventuell noch etwas Öl nachgießen). Würzhefeflocken und Petersilie unterziehen.

O Pita-Taschen rösten, aufschneiden und vorsichtig auseinanderdrücken. Rührtofu in die Taschen löffeln und sofort servieren.

100 g Brokkoli,
  in Röschen zerteilt
100 g Möhren, in dünne
  Scheiben geschnitten
2 EL Olivenöl
450 g fester Tofu
2 Frühlingszwiebeln,
  in Ringe geschnitten
1 Knoblauchzehe,
  geschält und zerdrückt
1 TL Senf, mittelscharf
1 TL Gemüsebrüheextrakt
½ TL Kurkuma,
  gemahlen
etwas grüne Tabascosauce
Salz
Pfeffer
etwas Olivenöl nach Bedarf
1 EL Würzhefeflocken
einige Zweige Petersilie,
  gehackt
4 Pita-Taschen

Pita-Taschen mit Pilzen

Pilze mit frischen Kräutern – eine schöne, würzige Kombi!

2 große Zwiebeln, geschält
und fein gehackt
2 EL Olivenöl
600 g braune
Champignons, geputzt
und klein gewürfelt
3 TL Gemüsebrüheextrakt
Salz
Pfeffer
1 Bund Kerbel,
fein gehackt
1 Bund Petersilie,
fein gehackt
4 Pita-Taschen

○ Die gehackten Zwiebeln im Olivenöl glasig dünsten.

○ Die Pilze dazugeben, kräftig braten und mit Gemüsebrüheextrakt, Salz und Pfeffer würzig abschmecken. Zum Schluss Kerbel und Petersilie unterziehen.

○ Pita-Taschen rösten, aufschneiden und vorsichtig auseinanderdrücken. Pilzmischung in die Taschen löffeln und sofort servieren.

Tipp:
Sehr fein schmecken die Pilztaschen auch mit frischen Shiitakepilzen.

Pita-Taschen Santorin

Bei jedem Biss in diese saftig würzigen Pita-Taschen von den griechischen Inseln träumen!

200 g Schafskäse (Feta),
klein gewürfelt
3 Frühlingszwiebeln,
klein gehackt
½ Salatgurke,
klein gewürfelt
150 g Weißkohl,
fein gehackt
4 EL Joghurt
Salz
Pfeffer
4 Pita-Taschen

○ Feta, Zwiebeln, Gurke und Weißkohl mischen. Den Joghurt unterziehen und die Füllung mit Salz und Pfeffer kräftig würzen.

○ Pita-Taschen rösten, aufschneiden und vorsichtig auseinanderdrücken. Fetamischung in die Taschen löffeln und sofort servieren.

Pita-Taschen mit Avocadocreme

Ein tolles Highlight für alle Avocado-Fans – »Guacamole to go!«

○ Avocadohälften mit einer Gabel zerdrücken und den Limettensaft unterrühren.
○ Mit Zwiebeln, Basilikum und Tomaten vermischen und mit Salz, Pfeffer und Tabascosauce würzen.
○ Die Pita-Taschen rösten, aufschneiden und vorsichtig auseinanderdrücken. Avocadomischung in die Taschen löffeln und sofort servieren.

2 reife Avocados, halbiert, geschält und entkernt
Saft einer Limette
2 Frühlingszwiebeln, in sehr dünne Ringe geschnitten
½ Bund Basilikum, klein gezupft
4 Tomaten, fein gewürfelt
Kräutersalz
Pfeffer
einige Spritzer grüne Tabascosauce
4 Pita-Taschen

Süße Pita-Taschen mit Erdbeeren

Süßzähne haben es natürlich längst geahnt: Pita-Taschen lassen sich sehr gut auch süß und fruchtig füllen. Hier unser absoluter Hit für die Erdbeerzeit. Auch lecker mit Himbeeren oder Blaubeeren!

○ Quark oder Seidentofu mit Aprikosenkonfitüre und Milch oder Sojadrink verrühren. Erdbeeren und Müsli unterziehen.
○ Pita-Taschen rösten, aufschneiden und vorsichtig auseinanderdrücken. Erdbeermischung in die Taschen löffeln und sofort servieren.

500 g Quark oder Seidentofu
2 TL Aprikosenkonfitüre
2 EL Milch oder Sojadrink
500 g Erdbeeren, klein geschnitten
4 TL Knuspermüsli (Rezept Seite 162)
4 Pita-Taschen

Bananen-Haselnuss-Taschen

Schmecken allen, passen immer – die idealen Teenie-Begleiter!

500 g Quark
  oder Seidentofu
2 EL Haselnussmus
1 Päckchen Vanillezucker
3 – 4 EL Milch
  oder Sojadrink
1 große, reife Banane
4 EL ganze Haselnüsse
4 Pita-Taschen

○ Quark oder Seidentofu mit Haselnussmus, Vanillezucker und Milch oder Sojadrink verrühren.

○ Banane schälen, grob mit der Gabel zerdrücken und mit den Haselnüssen unter den Quark heben.

○ Pita-Taschen rösten, aufschneiden und vorsichtig auseinanderdrücken.

○ Bananenmischung in die Taschen löffeln und sofort servieren.

Leons schnelle Apfeltaschen

4 Äpfel, mit der Schale
  grob geraspelt
Saft einer halben Limette
1 Päckchen Vanillezucker
2 EL Rosinen
½ TL Zimt, gemahlen
2 EL Mandelmus
4 Pita-Taschen

○ Apfelraspel mit dem Limettensaft beträufeln, mit Vanillezucker, Rosinen und Zimt vermischen. Zuletzt das Mandelmus unterrühren.

○ Pita-Taschen rösten, aufschneiden und vorsichtig auseinanderdrücken. Apfelmischung in die Taschen löffeln und sofort servieren.

»Meine
Herbst-Pita! Und
dazu unbedingt eine Tasse
selbst gemachten, heißen
Kakao!« (Leon)

Was mit Kartoffeln

Auch Kartoffelgerichte stehen auf der Wunschliste hungriger Teenager ganz weit oben. Dennoch gibt es Erwachsene, die an dem Punkt schon genervt die Augen verdrehen: »Ist ja klar! Meine wollen bloß immer Pommes, sonst nix.«

Auch hier gilt es wieder, das Ganze positiv anzupacken. »Pommes frites« sind ja schon wörtlich (und zwar auf Französisch) nichts anderes als Bratkartoffeln. Und die brauchen nicht unbedingt ungesund zu sein. Es kommt dabei eigentlich nur auf die verwendete Fettmenge, die Qualität des Fetts und das Begleitprogramm auf dem Teller an.

Kartoffeln selbst sind jedenfalls gesund und ihr aus alten Zeiten stammender Ruf als »reine Dickmacher« ist völlig aus der Luft gegriffen. In Wirklichkeit enthalten sie wertvolle Nährstoffe: hochwertiges Eiweiß, Vitamine, Mineralien und Spurenelemente. Sie machen satt und sind gleichzeitig kalorienarm. Dick macht erst das Fett, das in fertigen Pommes frites, Kartoffelchips und Bratkartoffeln steckt.

Zum Glück lässt sich dies aber ganz leicht vermeiden, wenn man diese Teenie-Lieblinge selber macht. Wie wir sehen werden, gibt es dafür nämlich ebenso schmackhafte wie Fett sparende Alternativrezepte. Und dann warten ja außerdem noch so viele andere leckere Kartoffelgerichte…

Pellkartoffeln mit Tomaten-Schafskäse-Quark

Pellkartoffeln sind von allen Kartoffelgerichten am einfachsten zuzubereiten. Die Kartoffeln bloß sauber schrubben, mit Salzwasser bedecken und weich kochen. Viel kann man da nicht falsch machen!

Besonders gesund sind Pellkartoffeln zudem, denn die meisten Nährstoffe stecken bekanntlich direkt unter der Schale und werden mit entfernt, wenn man die Kartoffeln schält. Viel cleverer ist es deshalb, sie mit der Schale zu kochen. Von den garen Kartoffeln lässt sich die Schale nämlich hauchdünn abpellen. Wer mag, kann sie sogar mitessen, was natürlich vor allem für Biokartoffeln gilt. Dazu eine schöne Quarkcreme und vielleicht noch etwas grüner Salat – fertig ist das vollwertige Hauptgericht!

1 kg (neue) Kartoffeln
Salz
Wasser zum Kochen
  der Kartoffeln
5 Tomaten
kochendes Wasser
  zum Überbrühen
100 ml Tomatensaft
100 g Schafskäse (Feta)
1 große Zwiebel,
  geschält und gehackt
1 Bund Petersilie,
  gehackt
250 g Magerquark
Pfeffer

○ Kartoffeln 20 bis 25 Minuten mit der Schale in Salzwasser kochen.

○ Die Tomaten kreuzweise einritzen, mit kochendem Wasser übergießen und schälen.

○ Geschälte Tomaten mit dem Tomatensaft und dem Schafskäse im Mixer oder mit dem Pürierstab fein pürieren. Eventuell noch etwas Tomatensaft zufügen, bis die Creme weich genug ist.

○ Zwiebel, Petersilie und Magerquark unterrühren und mit Salz und Pfeffer abschmecken.

○ Pellkartoffeln mit dem Tomatenquark servieren.

Deftige Kartoffelpfanne

Dieses beliebte Pfannengericht gibt es natürlich nur, wenn kein Disco- oder Partyabend angesagt ist. Der Knoblauchgehalt ist nämlich schon beträchtlich. Dafür schmecken die ganzen, geschmorten Knoblauchzehen aber auch wunderbar würzig und mild.

○ Kartoffeln 15 Minuten mit der Schale in Salzwasser kochen.

○ Kartoffeln im Öl von allen Seiten kräftig anbraten. Zwiebeln und Knoblauchzehen dazugeben und einige Minuten mitbraten.

○ Mit Salz, Pfeffer und Kräutern der Provence herzhaft würzen und bei geringerer Hitze noch einige Minuten in der Pfanne garen lassen.

750 g sehr kleine,
  neue Kartoffeln
Salz
Wasser zum Kochen
  der Kartoffeln
2 EL Olivenöl
8 Frühlingszwiebeln,
  2 – 3 cm über der
  Zwiebel abgeschnitten,
  und längs halbiert
8 Knoblauchzehen,
  ungeschält
Pfeffer
Kräuter der Provence

»Ich esse sowieso am liebsten alles aus der Pfanne. Ich komme nach Hause, gucke nach, was es an Vorräten gibt, schnippele alles klein, mache Öl heiß und werfe das Gemüse nach und nach hinein. Immer mal wieder umrühren und kräftig würzen – fertig!« (Marvin)

Ofenkartoffeln mit Tofucreme

Ebenso einfach wie Pellkartoffeln lassen sich Ofenkartoffeln zubereiten. Am besten eignen sich große, mehligkochende Kartoffeln, die man kräftig sauber bürstet und auf dem Blech je nach Größe 40 bis 60 Minuten backt. Entgegen einer weitverbreiteten Gewohnheit ist es völlig überflüssig, die Kartoffeln zu diesem Zweck in umweltschädliche Alufolie einzuwickeln. Im Gegenteil, ohne Folie wird die Schale herrlich trocken und kross. Die gebackenen Kartoffeln werden längs eingeschnitten, etwas aufgebrochen, mit der Creme gefüllt und noch möglichst heiß serviert.

1 kg mehligkochende
  Kartoffeln
500 g Tofu
100 ml Sahne
  oder Sojasahne
Salz
Pfeffer
2 EL Zitronensaft
1 Bund Radieschen,
  fein gewürfelt
1 Bund Dill,
  fein gehackt
100 g frische Sprossen
  (z. B. Radieschen,
  Rettich oder Kresse)

○ Kartoffeln waschen und sauber bürsten. Auf ein Backblech legen und im Backofen bei 180 °C 40 bis 60 Minuten backen. (Mit der Gabel hineinstechen, um zu sehen, ob sie schon weich sind.)

○ Tofu und Sahne oder Sojasahne im Mixer oder mit dem Pürierstab zu einer Creme verrühren. Mit Salz, Pfeffer und Zitronensaft abschmecken.

○ Radieschen und Dill unter die Tofucreme ziehen.

○ Kartoffeln der Länge nach einschneiden und auseinanderdrücken, mit der Tofucreme füllen und mit den Sprossen bestreuen.

»**Was ich richtig gern esse, sind Lorbeerkartoffeln.** Dazu braucht man sehr kleine, neue Kartoffeln und die gleiche Anzahl Lorbeerblätter. Mit dem Messer ritzt man sie vorsichtig der Länge nach tief ein (ohne sie durchzuschneiden!) und steckt in jeden Schlitz ein Lorbeerblatt. Anschließend die Kartoffeln mit Olivenöl einpinseln, mit grobem Salz aus der Mühle bestreuen und im Ofen backen (immer mal mit dem Messer testen, ob sie schon gar sind). Mit ihren Lorbeersegeln sehen die Kartoffeln klasse aus und passen ebenso gut zu Tofucreme oder Kräuterquark.« (Lewis)

Gefüllte Kartoffeln

Auch gefüllt und überbacken sind Kartoffeln ein echter Hit! Wir essen dazu einen würzigen Feldsalat (Rezept Seite 115).

○ Kartoffeln etwa 30 Minuten mit der Schale in Salzwasser garen.

○ Gegarte Kartoffeln halbieren und das Kartoffelfleisch mit einem scharfkantigen Löffel bis auf einen kleinen Rand jeweils vorsichtig herauslösen und würfeln.

○ Zwiebeln in 2 EL Olivenöl glasig dünsten. Tofuwürfel dazugeben und einige Minuten mitdünsten lassen.

○ Mit Salz, Pfeffer und Thymian würzen. Zuletzt die Kartoffelwürfel noch kurz mitbraten und das Ganze etwas abkühlen lassen.

○ Schafskäse mit dem Ei unter die Masse rühren, die Kartoffeln damit füllen und auf ein gefettetes oder mit Backpapier ausgelegtes Backblech legen.

○ Die Kartoffeln bei 180 bis 200 °C etwa 25 Minuten überbacken.

*750 g möglichst
große Kartoffeln
Salz
Wasser zum Kochen
der Kartoffeln
2 Zwiebeln, geschält
und fein gehackt
3 EL Olivenöl
200 g Räuchertofu,
klein gewürfelt
Pfeffer
2 TL Thymian
150 g Schafskäse
1 Ei
Fett für das Blech*

Bratkartoffeln

Bratkartoffeln sind ein ganz einfaches, traditionelles Gericht, das Teens am besten schmeckt, wenn die Kartoffeln so richtig schön knusprig braun gebraten werden.

1 kg Kartoffeln
Salz
Wasser zum Kochen
der Kartoffeln
2 Zwiebeln, geschält
und fein gehackt
4 EL Olivenöl
Pfeffer
4 Sojawürstchen,
in mundgerechte Stücke
geschnitten
4 große Gewürzgurken
Senf

O Kartoffeln 20 bis 30 Minuten mit der Schale in Salzwasser garen. Anschließend pellen und in Scheiben schneiden.

O Zwiebeln im Olivenöl glasig dünsten. Kartoffelscheiben dazugeben und bei relativ großer Hitze kräftig braten. (Dabei immer mal wieder umrühren, aber nicht zu oft – ein bisschen »ansetzen« und dabei braun werden sollen sie ja.) Bei Bedarf noch etwas Öl zugeben.

O Wenn die Kartoffeln schön gebräunt sind, mit Salz und Pfeffer kräftig würzen.

O Zuletzt die Sojawürstchen dazugeben und noch kurz mitbraten.

O Die Bratkartoffeln mit Gewürzgurken und Senf servieren. Dazu schmeckt ein frischer Tomatensalat.

»Ich mach immer »Indische Bratkartoffeln«: Einfach zwei Esslöffel Currypulver mit den Kartoffelscheiben in die Pfanne geben.« (Lana)

Country Fries

Gebackene Kartoffelspalten, auch »Country Fries« genannt, kennen viele Teens nur aus dem Fast-Food-Restaurant oder als Fertigprodukt aus der Tiefkühltruhe. Wie gut schmeckt im Vergleich dazu diese selbst gemachte Variante in Kombination mit einem frischen, bunten Salat!

Statt mit Grillgewürz können die Kartoffeln z. B. auch mit Kräutern der Provence oder frischem Rosmarin und grobem Salz aus der Mühle gewürzt werden.

○ Öl, Knoblauch und Gewürz in einer großen Schüssel mischen.

○ Kartoffeln dazugeben, gut in der Ölmischung wenden und 5 bis 10 Minuten ziehen lassen. Kartoffeln mit dem Schaumlöffel herausnehmen, auf einem mit Backpapier ausgelegten Backblech verteilen und bei 200 bis 220 °C etwa 45 Minuten knusprig braun backen.

6 EL Olivenöl
1 Knoblauchzehe,
* geschält und zerdrückt*
2 TL Grillgewürz
1 kg Kartoffeln mit Schale,
* geviertelt oder geachtelt*

Pommes mit Ketchup – beides selbst gemacht

Herkömmliche Pommes schmecken fad, enthalten oft unnötige Zusatzstoffe und werden in minderwertigem Fett frittiert. Manchmal werden sie sogar aus Kartoffelpulver maschinell gepresst.

Bei diesem Rezept dagegen ist alles ehrlich und gesund: Kartoffeln, Olivenöl und ein frisch angerührter Tomatenketchup sind frei von Zusatzstoffen und einfach zuzubereiten. Dazu einen der ab Seite 61 vorgestellten Veggieburger – perfektes Teenagerglück!

Für die Pommes frites:
750 g Kartoffeln, geschält
4 EL Olivenöl
½ TL Salz

Für den Ketchup:
150 g Tomatenmark
100 ml Apfelsaft
1 EL Apfelessig
1 EL Honig
*   oder Agavendicksaft*
Salz
Pfeffer
Paprikapulver

○ Für die **Pommes** die Kartoffeln in Stäbchen schneiden. Öl mit Salz mischen.

○ Die Kartoffelstäbchen in einer Schüssel mit dem Öl mischen und auf einem mit Backpapier ausgelegten Blech ausbreiten.

○ Die Pommes bei 200 °C etwa 40 Minuten backen, bis sie knusprig gebräunt sind (dabei mehrmals vorsichtig wenden).

○ Für den **Ketchup** das Tomatenmark mit Apfelsaft, Essig und Honig oder Agavendicksaft verrühren, mit Salz, Pfeffer und Paprika würzen und zu den Pommes servieren.

Chips am Stiel

Backt man Kartoffelchips im eigenen Ofen »am Stiel«, brauchen sie nicht in Fett zu baden. So schmecken sie knusprig, frisch und superleicht!

O Kartoffeln mit einem Gemüsehobel in dünne Scheiben schneiden.

O Kartoffelscheiben mit Küchenkrepp trockentupfen und vorsichtig mittig auf die Schaschlikspieße stecken. Mit ein wenig Öl bepinseln und mit Salz und Paprikapulver bestreuen.

O Die Spieße auf dem Rand einer länglichen Auflaufform ablegen, sodass die Scheiben unten nicht aufliegen. Bei 180 °C etwa 15 Minuten backen, bis sich die Chips an den Rändern leicht bräunen.

O Abkühlen lassen und genüsslich abknabbern!

250 g Kartoffeln, geschält
8 Schaschlikspieße
aus Holz
2 EL Olivenöl
Salz
Paprikapulver

Tipp:
Wer experimentierfreudig ist, probiert einmal Pommes ganz ohne Fett. Erstaunlich, wie köstlich sie auch so schmecken können: 4 mittelgroße, ungeschälte Kartoffeln in dünne Streifen schneiden. Ofen auf 220 °C vorheizen, ein großes Backblech leicht ölen, Kartoffelstifte darauf ausbreiten und dabei aufpassen, dass sie nicht übereinanderliegen. Nach Belieben mit Salz und Pfeffer bestreuen und 20 bis 30 Minuten backen (dabei gelegentlich umdrehen), bis die gewünschte Knusprigkeit erreicht ist.

Kartoffelsalat

Kartoffelsalat ist mit ein bisschen Schnippelei verbunden. Deshalb ist es schön, ihn in der Gruppe zuzubereiten. Diese Version schmeckt wunderbar fruchtig frisch und ist auch als Party-Mitbringsel stets willkommen.

1 kg Kartoffeln
Salz
Wasser zum Kochen
*   der Kartoffeln*
2 nicht zu säuerliche
*   Äpfel, fein gewürfelt*
3 Gewürzgurken,
*   fein gewürfelt*
1 Zwiebel, geschält
*   und fein gehackt*
150 g Mayonnaise
*   oder Tofunaise*
150 g Joghurt
*   oder Sojajoghurt*
1 guter Schuss
*   Gurkenwasser*
1 TL Salz
Pfeffer
1 Bund Petersilie,
*   fein gehackt*

○ Kartoffeln etwa 30 Minuten mit der Schale in Salzwasser garen. Noch warm pellen und in Scheiben schneiden.

○ Kartoffeln, Äpfel, Gurken und Zwiebel vorsichtig mischen.

○ Mayonnaise oder Tofunaise, Joghurt oder Sojajoghurt, Gurkenwasser und Salz zu einer Sauce verrühren, nach Geschmack mit Pfeffer würzen und unter den Salat rühren.

○ Einige Stunden im Kühlschrank durchziehen lassen und eventuell nachwürzen. Mit frischer Petersilie bestreuen.

»Der Kartoffelsalat schmeckt auch noch am nächsten Tag. Meine Schwester und ich verlängern ihn dann oft mit einer kleinen Dose Mais oder mit tiefgekühlten grünen Erbsen oder, wenn da, mit beidem. So reicht der Rest meist noch einmal für uns beide und unsere Pausendosen.« (Andy)

Klarer Kartoffelsalat

Ein Kartoffelsalat, der ganz ohne Mayonnaise auskommt – eine aus Österreich mitgebrachte Rezeptidee.

○ Kartoffeln mit Gemüsebrühe, Zucker, Salz und 1 TL Essig zum Kochen bringen und etwa 15 Minuten leise köcheln lassen, bis sie gar sind.

○ Beim Abgießen der Brühe 100 ml Flüssigkeit auffangen und diese mit Senf, Olivenöl und restlichem Essig verquirlen. 6 bis 8 Kartoffelscheiben darin mit der Gabel zerdrücken und alles zu einer dicken, stückigen Sauce verrühren.

○ Kartoffeln, Zwiebel und Gurken in einer Schüssel vermischen, Sauce darübergießen und vorsichtig unterheben.

○ Den Salat mit Salz und Pfeffer abschmecken und noch lauwarm oder bei Zimmertemperatur servieren. Kurz vorher mit Schnittlauchröllchen bestreuen.

500 g rohe Kartoffeln, geschält und in Scheiben geschnitten
250 ml Gemüsebrühe
1 TL Vollrohrzucker
½ TL Salz
2 TL Weißweinessig
1 EL Senf
2 EL Olivenöl
1 kleine rote Zwiebel, geschält und fein gehackt
6 – 8 kleine Gewürzgurken, fein gehackt
Salz
Pfeffer
½ Bund Schnittlauch, in feine Röllchen geschnitten

Tipp:
Mit ein paar Teelöffeln grünem Pesto in der Sauce bekommt der Kartoffelsalat einen schönen Mittelmeer-Touch.

Überbackener Kartoffelschnee

10 – 12 mehligkochende,
mittelgroße Kartoffeln
Wasser zum Kochen
der Kartoffeln
250 g saure Sahne
oder Sojasahne
200 g Frischkäse
oder Seidentofu
1 TL Salz
¼ TL Knoblauchpulver
1 Prise Pfeffer
Fett für die Form
1 EL Butter
oder Margarine
Schnittlauchröllchen
und -blüten

○ Kartoffeln in der Schale etwa 30 Minuten garen, etwas abkühlen lassen und pellen. Gekochte Kartoffeln mit einem Stampfer gut zerdrücken. Restliche Zutaten außer Butter oder Margarine und Schnittlauch zugeben und mit den Knethaken der Küchenmaschine glatt schlagen.

○ Den Kartoffelschnee in eine gefettete Auflaufform geben und glatt streichen. Butter oder Margarine in Flöckchen aufsetzen und den Kartoffelschnee bei 180 °C etwa 30 Minuten überbacken. Nach Belieben mit Schnittlauchröllchen und -blüten verzieren und noch warm servieren.

»Mein
Lieblingsrezept!
Schmeckt immer und
gelingt ganz leicht!« (Lewis)

Cremige Kartoffelsuppe

*Wenn es einmal etwas richtig schön Wärmendes und Stärkendes sein soll,
muss die gute, alte Kartoffelsuppe her. Ganz leicht zu machen und je nach
Gemüsevorratslage vielseitig abwandelbar – einfach einen Teil der Kartoffeln
durch andere Gemüsearten ersetzen.*

○ Kartoffeln und Zwiebeln in der Butter oder Margarine andünsten.

○ Gemüsebrühe und Milch oder Sojadrink zugießen, zum Kochen bringen und etwa 15 Minuten köcheln lassen.

○ Die Suppe im Mixer oder mit dem Pürierstab pürieren.

○ Lauchzwiebelringe unterrühren und die Suppe mit Salz, Pfeffer und etwas Kümmel abschmecken. Löffeln und genießen!

750 g Kartoffeln,
  geschält und in Würfel
  geschnitten
2 Zwiebeln,
  geschält und gehackt
2 EL Butter
  oder Margarine
500 ml Gemüsebrühe
500 ml Milch
  oder Sojadrink
2 Lauchzwiebeln,
  in feine Ringe
  geschnitten
Salz
Pfeffer
Kümmel, gemahlen

Tipp:
Nette i-Tüpfel-
chen sind Sonnenblu-
menkerne, Kürbiskerne
und/oder Haselnüsse, ohne
Fett in einer Pfanne ange-
röstet und über die
Suppe gestreut.

Salatbar

Frische Salate werden von Eltern oft als Nonplusultra der gesunden Ernährung angepriesen. Vielleicht gerade deshalb stoßen sie bei manchen Jugendlichen auf Abwehr. Eigentlich braucht beim Wort »Salat« aber niemand zusammenzuzucken, denn bei keiner anderen Speise lassen sich die eigenen Vorlieben und Abneigungen so konsequent ausleben wie hier. Zur Haupt- oder Nebenzutat eines Salats eignet sich nämlich so gut wie jedes Obst und Gemüse. Was man nicht mag, lässt man einfach raus. Und was einem richtig gut schmeckt, verwendet man in rauen Mengen.

Wenn die Vorstellungen von einem perfekten Salat in der Familie zu weit auseinanderdriften, kann es hilfreich sein, im Sinne unseres »Baukastensystems« tatsächlich eine Art Salatbar einzurichten. Jeder nimmt nur die Zutaten, die er mag, und stellt sich so seinen eigenen Lieblingssalat zusammen. Auch beim Dressing kann man unterschiedliche Angebote machen. So kommt jeder zu seinem Recht.

Spaß macht auch eine große, bunte Rohkostplatte in der Mitte des Tisches, unmittelbar vor dem warmen Essen, wenn der Hunger am größten ist. Dafür einfach frisches Gemüse in fingerfoodgroße Stücke schneiden, z. B. Möhren in schmale Stifte, Brokkoli und Blumenkohl in Röschen, Selleriestangen, Kohlrabistücke, Tomatenviertel, Gurkenstifte, Spinat- und Salatblätter, Weißkohl in Streifen, Zucchini in Scheiben …

Als Dip dazu Quark mit Kräuterfrischkäse und etwas Milch verrühren und mit Pfeffer und Kräutersalz würzen. Rein pflanzliche Dips sind Avocadocreme (Rezept Seite 97), Salsa (Rezept Seite 126) oder Kichererbsenpüree (Rezept Seite 124).

Die folgenden Salatrezepte sind Teenager-erprobt. Und ganz bestimmt sind auch Salate für die ganze Familie dabei!

Philipps Möhrensalat

Unübertroffen frisch und saftig! Man schmeckt sofort: Roh sind Möhren am besten. Und meist merkt man schon beim Raspeln, wie viel Carotin, die Vorstufe zu Vitamin A, in den Wurzeln steckt. Orange gefärbte Finger sind ein echtes Qualitätsmerkmal!

○ Möhren, Äpfel und Haselnüsse vermischen und mit dem Zitronensaft begießen.

○ Aus Öl, Honig oder Agavendicksaft und einer Prise Salz eine Marinade herstellen und mit der Möhren-Apfel-Rohkost vermischen. Den Salat gut durchziehen lassen.

500 g Möhren,
*   fein geraspelt*
2 säuerliche Äpfel,
*   fein geraspelt*
5 EL Haselnüsse, gerieben
Saft einer unbehandelten
*   Zitrone, frisch gepresst*
3 EL Öl (z. B. Rapsöl)
2 EL Honig
*   oder Agavendicksaft*
etwas Salz

»Ich finde die süße Kombination mit Äpfeln, geriebenen Haselnüssen und Honig oder Agavendicksaft so genial. Dieser Salat geht immer!« (Philipp)

113

Lewis' Gurkensalat

*Gurken gehören zu den Lieblingsgemüsen von Teenagern, weil sie so schön
leicht und erfrischend sind. Sie bestehen zu 95 Prozent aus Wasser und
schmecken deshalb gut gekühlt an einem heißen Sommertag als »grünes Eis
am Stiel« auch einfach mal aus der Hand. Zahlreiche Mineralstoffe und Vitamine machen sie gleichzeitig zu einem
sehr gesunden Gemüse, wobei die wertvollen Nährstoffe – wie so oft – unmittelbar unter der Schale sitzen. Deshalb unbedingt Bio-Gurken verwenden
und mit der Schale raspeln. Der Salat sieht durch die dunkelgrüne Schale
auch gleich viel interessanter aus.*

*1 große Salatgurke,
  grob geraspelt
1 EL Zitronensaft
2 EL Rapsöl
½ Bund Dill,
  fein gehackt
Salz
Pfeffer
4 EL Joghurt
  oder Sojajoghurt
2 Knoblauchzehen,
  geschält und zerdrückt*

O Geraspelte Gurke in einem Sieb gut
  abtropfen lassen.
O Zitronensaft, Öl und Dill zu einer Sauce
  verrühren und mit Salz und Pfeffer
  abschmecken.
O Die Sauce mit den Gurkenraspeln mischen.
O Joghurt oder Sojajoghurt mit Knoblauch
  verrühren und kurz vor dem Servieren über
  den Salat geben.

Feldsalat rot-grün

Feldsalat enthält viel Eisen – und das können vegetarische Teenager gut gebrauchen. Da sich dieses Eisen bei gleichzeitiger Aufnahme von Vitamin C vom Körper besser aufnehmen lässt, kommt noch eine rote Paprikaschote in den Salat. Sieht ja auch gleich noch viel besser aus!
Den Feldsalat gründlich zu waschen, kann etwas länger dauern. (Sonst gibt's Zähneknirschen!) Unsere pikante Allzwecksauce ist dafür umso schneller zusammengerührt.

○ Den gründlich gewaschenen Feldsalat trockenschleudern und mit den Paprikawürfeln mischen.

○ Sojasauce, Öl, Essig und Knoblauch verrühren und unter die Feldsalatmischung ziehen. Bald servieren, damit der Blattsalat mit Dressing nicht schlapp macht.

250 g Feldsalat
1 rote Paprikaschote,
  fein gewürfelt
1 EL Tamari-Sojasauce
1 EL Olivenöl
1 EL Balsamico-Essig
1 Knoblauchzehe,
  geschält und zerdrückt

115

Lillas Erbsensalat

Geräuchertes und cremige Mayonnaise oder Tofunaise geben diesem Salat einen sehr schönen, herzhaften Touch. In den Chicoréeschiffchen macht er sich besonders gut auf einem Partybüfett. In diesem Fall müssen es Erbsen aus der Konserve sein.

*1 große Dose Erbsen
(Einfüllgewicht 560 g)
1 mittelgroße rote
Zwiebel, geschält
und fein gewürfelt
2 Stangen Staudensellerie,
fein gewürfelt
80 g Räucherkäse
oder Räuchertofu,
fein gewürfelt
150 g Mayonnaise
oder Tofunaise
Salz
Pfeffer
1 – 2 Chicorée
½ Bund Petersilie
Tomatenmark
oder Tomatenketchup*

○ Erbsen abgießen und abtropfen lassen. Mit Zwiebel, Sellerie und Käse oder Tofu mischen.

○ Mayonnaise oder Tofunaise unterziehen. Den Salat mit Salz und Pfeffer abschmecken und im Kühlschrank durchziehen lassen.

○ Kurz vor dem Servieren die Enden der Chicorées so abschneiden, dass sich die einzelnen Blätter leicht ablösen lassen.

○ Die Blätter mit dem Erbsensalat füllen, mit Petersilienzweigen und einem Klecks Tomatenmark oder -ketchup verzieren und wie Schiffchen auf einer großen Platte anrichten.

»Die Chicoréeschiffchen stehen besser, wenn man von der runden Unterseite der Blätter vorsichtig einen kurzen, flachen Streifen abschneidet und ihnen so eine Standfläche verpasst.« (Lilla)

Kidneybohnen-Salat

Ein ganz schneller Salat, der immer und zu allem passt. Wer die fröhliche Farbpalette noch erweitern will, ergänzt ihn um gelben Gemüsemais und grüne Erbsen.

○ Kidneybohnen abtropfen lassen und mit Avocado, Paprika und Kräutern mischen.

○ Zitronensaft, Öl, Essig, Salz und Pfeffer verquirlen und unter den Salat ziehen.

250 g Kidneybohnen,
* gegart*
1 reife Avocado,
* geschält, entkernt*
* und klein geschnitten*
1 rote Paprikaschote,
* fein gewürfelt*
2 EL frische Kräuter,
* fein gehackt*
Saft einer halben Zitrone
2 EL Olivenöl
1 EL Balsamico-Essig
Salz
Pfeffer

Fruchtiger Chinakohlsalat

Schön im Winter – würzig und erfrischend!

○ Chinakohlstreifen mit Mandarinenschnitzen vermischen.

○ Joghurt oder Sojajoghurt mit Essig und Zucker verrühren und unter den Salat ziehen.

○ Den Salat mit Kressesprossen und Mandeln bestreuen.

500 g Chinakohl, in feine
* Streifen geschnitten*
2 Mandarinen, geschält
* und in Schnitze geteilt*
150 g Joghurt
* oder Sojajoghurt*
2 EL Apfelessig
1 EL Vollrohrzucker
1 Päckchen Kressesprossen
1 Handvoll ganze,
* ungeschälte Mandeln*

Ratzfatz-Reissalat

Fix und gut – ein gern gesehener Partygast!

200 g Vollkornreis
400 ml Wasser
1 grüne Paprikaschote,
  fein gewürfelt
2 Tomaten, fein gewürfelt
4 EL Gemüsemais, gegart
2 EL Kürbiskerne
1 EL Sesamsamen
1 EL Tamari-Sojasauce
2 EL frische Kräuter,
  gehackt

○ Vollkornreis in das kochende Wasser geben, nach der Packungsangabe garen und abkühlen lassen.

○ Den Reis in einer großen Schüssel mit den übrigen Zutaten vermischen.

Tipp:
Dieser praktische Salat lässt sich je nach Vorratslage vielseitig abwandeln. Jedes Lieblingsgemüse, aber zum Beispiel auch frische, klein gewürfelte Äpfel lassen sich gut ergänzen.

Nachos-Schichtsalat

Auch dieser Schichtsalat passt gut aufs bunte Partybüfett.

O Tofu oder Schafskäse und Avocados im Mixer oder mit dem Pürierstab pürieren, ein Viertel der Salsa dazugeben und weiterpürieren.

O Die Bohnen abtropfen lassen. In eine große Glasschüssel jeweils die Hälfte des Eisbergsalats, der Chips, der Bohnen, der Frühlingszwiebeln und des Cheddars schichten.

O Die Hälfte der Tofu-Avocado-Mischung und anschließend die Hälfte der restlichen Salsa darüberstreichen.

O Das Schichten wiederholen und zuletzt den Rest der Salsa auf den Salat geben. Abgedeckt 1 bis 2 Stunden kühl stellen.

*200 g Tofu
oder Schafskäse
2 große, reife Avocados,
geschält und entkernt
500 ml selbst gemachte
Salsa (Rezept Seite 126)
400 g schwarze Bohnen,
gegart
1 kleiner Eisbergsalat,
in mundgerechte Stücke
zerteilt
200 g Tortillachips,
grob zerkleinert
4 Frühlingszwiebeln,
fein gehackt
80 g Cheddar,
frisch geraspelt*

»Die Tortillachips im Salat schmecken richtig gut, aber durch die anderen Zutaten werden sie weich. Damit's auch noch was Knuspriges gibt, streue ich deshalb kurz vorm Servieren noch einmal ein paar Handvoll grob zerbröselte Chips über den Salat.« (Lewis)

Snackeria

Hingesnackt, hergesnackt … Mini-Gerichte für den kleinen Hunger und das genüssliche Nebenher-Essen diverser Knabbereien sind feste Bestandteile der Jugendesskultur. Und da Jugendliche von jeher Trendsetter sind, hat sich das Snacken seither in allen Teilen unserer Gesellschaft immer mehr verbreitet.

Würzige, schnell gemachte Kleinigkeiten, die sich unkompliziert aus der Hand essen lassen, sind natürlich auch bei Teenagern auf Veggiekurs sehr begehrt. Dass man viele davon auch frisch, vegetarisch und dazu noch ganz leicht selbst zubereiten kann, kommt für manche von ihnen vielleicht überraschend. Erfahrungsgemäß finden sie aber schnell Spaß daran, die leckeren Köstlichkeiten mit Freundinnen und Freunden in der Gruppe nachzukochen, gleich an Ort und Stelle zu verzehren oder zu Picknicks oder Partys mitzunehmen. Und auch ein gemütlicher Filmabend mit der Clique macht mit selbst gemachten Snacks wie Popcorn, Nachos oder gerösteten Pita-Ecken gleich doppelt Spaß.

Aller hier versammelten Snacks sind ratzfatz selbst gemacht und – *psst! nicht weitersagen!* – ziemlich gesund, zumindest im Vergleich zu ihren oft fettreichen oder überzuckerten Verwandten aus der Fast-Food-Bude oder dem Tiefkühlregal. Für einen glorreichen Soloauftritt sind sie ebenso geeignet wie für ein buntes Snackbüfett in lustiger Fetenrunde. Viel Spaß!

Seitan-Crossies

Die superknusprigen Seitan-Crossies begeistern selbst eingefleischte Fans der Geflügelvariante. Vorher ist jedoch ein Einkauf im Naturkostladen oder im Reformhaus nötig. Dort bekommt man den aus Weizen hergestellten Seitan, das würzige Sesammus (Tahin) und das mit geröstetem Sesam gemischte Meersalz (Gomasio). Die hohe Sesamdosis sorgt dafür, dass die Crossies eine Extraportion Kalzium mitbringen – gut für junge und für alte Knochen!

○ Seitan in ½ cm dicke Scheiben schneiden. In einem tiefen Teller Eier oder angerührtes Sojamehl mit Tahin und Gomasio verquirlen.

○ Mehl und Sesam in zwei weitere tiefe Teller geben.

○ Seitanstücke zuerst in der Ei- oder Sojamehlmasse, dann im Mehl und zum Schluss in Sesamsamen wälzen.

○ Die Crossies in heißem Bratöl goldbraun ausbacken.

250 g Seitan
2 Eier
oder 4 EL Sojamehl,
mit etwas Wasser breiig
angerührt
1 TL Sesammus (Tahin)
1 EL Gomasio (gerösteter
Sesam mit Meersalz)
100 g Weizenvollkornmehl
100 g Sesamsamen
Öl zum Braten

Tipp:
Als Snack lassen sich die Crossies gut auf hölzerne Schaschlikspieße stecken und abknabbern. Ein vollständiges Gericht ergeben sie zusammen mit einem frischen Salat und Kartoffelpüree.

Tofu-Nuggets

Diese Nuggets werden nicht frittiert, sondern gebacken und haben allein deshalb schon einen viel geringeren Fettgehalt als alles Vergleichbare, das aus der Fritteuse kommt. Mit einem ordentlichen Klecks Ketchup schmecken sie herzhaft pikant.

*400 g fester Tofu,
gut abgetropft*
10 EL Tamari-Sojasauce
*5 – 6 gesalzene Cracker,
fein zerkrümelt*
50 g Weizenvollkornmehl
1 TL Knoblauchsalz
Salz
Pfeffer
2 EL Olivenöl

○ Tofu in Nuggetgröße schneiden, mit der Sojasauce übergießen und mindestens 30 Minuten gut durchziehen lassen.

○ Crackerkrümel, Mehl und Knoblauchsalz vermischen.

○ Tofustücke in der Krümelmischung wälzen, mit Salz und Pfeffer würzen und auf ein mit Olivenöl bestrichenes Backblech legen.

○ Die Nuggets bei 180 °C etwa 30 Minuten backen. Nach der Hälfte der Backzeit einmal vorsichtig umdrehen.

»Kommt es zu einer Diskussion übers vegetarische Essen, betone ich immer, was ich alles esse. Oft staunen die anderen, weil ich eine viel größere Palette von Lebensmitteln esse als viele Nichtvegetarier. Meistens schwärme ich dann noch ein bisschen von meinen Lieblingsgerichten, weil ich hoffe, dass sie dann auch Appetit drauf bekommen.« (Anna-Lena)

Tobys Tofubällchen

Mit Zahnstochern aufgespießt, eine nette Knabberei, als Teil eines vollständigen Gerichts eine schöne Ergänzung z. B. zu Pellkartoffeln und Kräuterquark.

○ Alle Zutaten (außer Sesam und dem Öl zum Ausbacken) im Mixer oder mit dem Pürierstab pürieren und vermengen.

○ Mit nassen Händen kleine Bällchen aus dem Teig formen.

○ Tofubällchen in Sesam wälzen und in reichlich heißem Öl knusprig goldbraun ausbacken.

*500 g fester Tofu,
mit der Gabel zerdrückt
60 g Parmesan,
frisch gerieben
60 g Vollkornsemmelbrösel
2 EL Petersilie,
fein gehackt
2 EL Olivenöl
2 EL Sojasauce
1 Knoblauchzehe,
geschält und zerdrückt
6 EL Sesamsamen
Öl zum Braten*

Tipp:
Die Tofubällchen eignen sich auch gut als Füllung für Fladenbrottaschen, z. B. statt der Falafel im »Falafel-Fladi« auf Seite 89.

Tante Koulas Pita-Ecken mit griechischen Dips

Zaziki und griechisches Kichererbsenpüree machen diese Kombi zu einem echt griechischen Erlebnis. Nicht nur an lauen Sommerabenden schmeckt sie herrlich nach Sonne und Meer.

Zaziki:
250 g griechischer (oder
  türkischer) Joghurt
1 Salatgurke, geschält,
  fein geraspelt und
  gut ausgedrückt
½ Bund Dill, fein gehackt
  (einige Spitzen zum
  Garnieren zurücklegen)
Salz
Pfeffer
Senf
Olivenöl
1 – 2 Knoblauchzehen,
  geschält und zerdrückt

Kichererbsenpüree:
200 g Kichererbsen, gegart
1 Bund gemischte
  Kräuter (z. B. Oregano,
  Thymian, Petersilie)
1 – 2 Knoblauchzehen,
  geschält und zerdrückt
1 – 2 EL Zitronensaft
2 – 3 EL Olivenöl
50 – 100 g griechischer
  (oder türkischer)
  Joghurt
Salz
Pfeffer
scharfes Rosenpaprika-
  pulver

○ Für das **Zaziki** Joghurt mit Gurkenraspeln und Dill mischen. Mit Salz, Pfeffer, eventuell etwas Senf und etwas Olivenöl verrühren und abschmecken. Die Konsistenz sollte cremig sein. Zuletzt den Knoblauch unterrühren.

○ Zaziki in eine schöne Schüssel geben und mit den beiseite gelegten Dillspitzen garnieren.

○ Für das **Püree** die Kichererbsen abtropfen lassen und im Mixer oder mit dem Pürierstab fein pürieren. Von den Kräutern einen Zweig zum Garnieren beiseite legen, den Rest sehr fein hacken. Kichererbsen, Kräuter und Knoblauch mit den restlichen Zutaten vermischen und mit Salz, Pfeffer und Paprikapulver pikant abschmecken.

○ Das Püree in eine Schüssel geben, mit etwas Olivenöl beträufeln und mit etwas Paprikapulver und dem beiseite gelegten Kräuterzweig verzieren.

○ Für die **Pita-Ecken** die Pita-Taschen in Dreiecke schneiden, mit Olivenöl bepinseln und mit Salz bestreuen. Bei 200 °C etwa 5 Minuten im vorgeheizten Ofen rösten, bis sie goldbraun sind. Die Pita-Ecken leicht abkühlen lassen und mit den beiden Dips servieren.

Pita-Ecken:
4 Pita-Taschen
Olivenöl
grobes Salz aus der Mühle

Kali orexi! (= Guten Appetit!)

»Von Tante Koula habe ich gelernt, dass zum Kochen und Essen die ›Parea‹, die Geselligkeit, gehört. Am besten schmecken ihre Pita-Ecken und Dips, wenn wir sie zusammen machen. Ich bin dann fürs Zaziki zuständig und nehme immer nur eine Messerspitze Dill statt einen halben Bund, wie sie es liebt.« (Kira)

Selbst gemachte Tortillachips mit scharfem Dip

Tortillachips müssen nicht unheimlich salzig und fettig sein! Selbst gemacht sind sie ganz leicht und der Salzgehalt lässt sich individuell dosieren. Am besten passen dazu natürlich mexikanische Dips, z. B. eine scharfe Salsa.

Für die Salsa:
2 mittelgroße Tomaten,
  grob gehackt
½ kleine rote Zwiebel,
  geschält und grob
  gehackt
1 Chilischote
  (am besten
  etwas milderer,
  grüner Jalapeño),
  entkernt und gehackt
2 Knoblauchzehen,
  geschält und zerdrückt
2 EL frischer Limettensaft
2 EL frische Koriander-
  blätter, grob gehackt
¼ TL rote Pfefferkörner,
  zerdrückt

○ Für die **Salsa** alle Zutaten in einen Mixer geben und gut durchmixen.

○ Die Salsa in eine Schüssel geben und zugedeckt mindestens 1 Stunde lang im Kühlschrank durchziehen lassen.

○ Für die **Chips** die Maistortillas in Dreiecke schneiden, ganz leicht mit Wasser bepinseln und mit frisch gemahlenem Salz bestreuen. Die Chips etwa 20 Minuten bei 180 °C im Ofen backen, bis sie knusprig und leicht braun sind.

Für die Tortillachips:
4 – 6 Maistortillas, fertig
  oder selbst gemacht
  (Grundrezept Seite 74)
Wasser
grobes Salz aus der Mühle

Nachos

Nachos sind überbackene Tortillachips und eine typische Texmex-Spezialität. Inzwischen sind sie auch bei uns – vor allem als Kino-Snack – bei jungen Leuten sehr beliebt.
Warum also nicht mal selbst Nachos zubereiten? Einfach eine große Schüssel in die Mitte des Tisches stellen. Sie wird ganz schnell leer geknabbert sein!

○ Die Hälfte der Chips in eine große Auflaufform geben, die Hälfte des Käses und der
anderen Zutaten darüberstreuen.
○ Eine zweite Schicht Chips und die restlichen Zutaten darübergeben. Bei 180 °C
12 bis 15 Minuten backen, bis der Käse
geschmolzen ist.

300 g Tortillachips, fertig
oder selbst gemacht
(Rezept Seite 126)
75 g Cheddar,
grob geraspelt
75 g Butterkäse mit Chili,
grob geraspelt
1 grüne Paprikaschote,
fein gewürfelt
2 Zwiebeln, geschält
und fein gewürfelt
300 g Gemüsemais, gegart
1 – 3 grüne Chilischoten,
entkernt und fein
geschnitten

Antipasti à la Mamma Ines

Leckeres Antipasti-Gemüse, das auch als Belag auf eine Fladenbrot-Pizza (Seite 53) oder auf überbackene Baguettes (Seite 131) passt.

○ Zucchini- und Auberginenscheiben salzen. Das Gemüse zum Entwässern etwa 30 Minuten lang zwischen zwei Küchenbretter legen, zusätzlich mit einer Schüssel, die mit Wasser gefüllt ist, beschweren. Anschließend das Gemüse trockentupfen und in einer Pfanne (am besten in einer Grillpfanne) in der Hälfte des Olivenöls rundherum anbraten.

○ Restliches Olivenöl, Balsamico-Essig und Knoblauch zu einem Dressing vermischen und über das noch warme, gebratene Gemüse geben. Mit Salz und Pfeffer würzen und mit der Petersilie bestreuen.

2 mittelgroße Zucchini, in dünne Scheiben geschnitten
1 mittelgroße Aubergine, in dünne Scheiben geschnitten
Salz
je 1 rote, gelbe und grüne Paprikaschote, entkernt, längs in 3 cm breite Streifen geschnitten
4 EL Olivenöl
1 – 2 EL Balsamico-Essig
1 – 2 Knoblauchzehen, geschält und gepresst
Pfeffer
einige Zweige Petersilie, fein gehackt

»Wenn Mamma Ines Antipasti macht, wird es bei uns so richtig gemütlich. Wir sitzen am Esstisch, erzählen und lachen – und irgendwann fällt jedem noch eine witzige Geschichte ein.« (Kira)

Bruschetta

Bruschetta (ausgesprochen »Brusketta«) gehört zu den italienischen Anti-pasti (Vorspeisen), macht sich als eigenständiger Snack aber mindestens ebenso gut.
Beim Belag darf frei variiert werden. Hier der Klassiker mit Tomaten und Basilikum.

○ Die Brotscheiben von beiden Seiten mit 2 EL Olivenöl einpinseln und im Ofen oder auf dem Elektrogrill rösten, bis sie leicht gebräunt sind. Mit der halbierten Knoblauchzehe einreiben.

○ Tomatenwürfel mit Basilikum, der zerdrückten Knoblauchzehe und dem restlichen Olivenöl vermischen und mit Salz und Pfeffer würzen.

○ Die gerösteten Brotscheiben mit der Tomatenmischung belegen, mit Basilikumblättern garnieren und auf einer großen Platte sofort servieren.

4 – 8 dicke Scheiben
  Baguette oder Vollkorn-
  brot, je nach Größe und
  Appetit
3 EL Olivenöl
1 Knoblauchzehe, halbiert
4 Tomaten, gehäutet,
  entkernt und
  fein gewürfelt
½ Bund Basilikum,
  fein gehackt
1 Knoblauchzehe,
  geschält und zerdrückt
Salz
Pfeffer
einige Basilikumblätter
  zum Garnieren

»Die gerösteten Toastscheiben schmecken auch sehr gut mit einem aus Oliven, Olivenöl und Knoblauch hergestellten Olivenmus oder mit einem Mus aus eingelegten, pürierten Tomaten.« (Kathrin)

Kräuterbaguette

Das Baguette passt gut als Beilage zu Suppen und Salaten, kann aber auch gleich so gesnackt werden. Einfach ein Stück abbrechen und hineinbeißen!

1 Baguettestange
125 g zimmerwarme Butter oder Margarine
½ Bund gemischte Kräuter, fein gehackt

○ Die Baguettestange in Abständen von 2 cm mit einem Brotmesser tief einritzen.

○ Butter oder Margarine mit den Kräutern verrühren und mit einem Teelöffel in die Ritzen streichen.

○ Kräuterbaguette bei 180 °C etwa 10 Minuten im Ofen backen (das Baguette sollte schön kross und die Butter geschmolzen sein).

Tipp:
Lieblingskraut verwenden! Besonders gut schmeckt das Baguette z. B. mit einem halben Bund Dill. Wer mag, kann außerdem zwei zerdrückte Knoblauchzehen in die Butter oder Margarine rühren.

130

Baguetteria

Längs aufgeschnittene Baguettestangen lassen sich sehr gut belegen und im Ofen überbacken. Ähnlich wie bei den Pizzen sind die verschiedensten Variationen möglich, deshalb lohnt es sich, dort noch einmal bei den Rezepten nachzuschauen. Hier unsere Lieblingsversion.

○ Baguettestange halbieren und der Länge nach durchschneiden. Mit der Schnittfläche nach oben auf ein Backblech legen und mit der Hälfte des Olivenöls bepinseln.

○ Baguette bei 180 °C leicht rösten, bis das Brot hellbraun wird.

○ Backblech aus dem Ofen nehmen. Mozzarella-, Zucchini- und Tomatenscheiben dachziegelartig auf den Baguettehälften verteilen.

○ Quer über die Scheiben mit einem Teelöffel eine grüne Linie aus Pesto ziehen. Mit Salz und Pfeffer würzen und mit Parmesan bestreuen. Zuletzt mit dem restlichen Olivenöl beträufeln. Die belegten Baguettehälften noch einmal in den Backofen stellen. Bei 180 °C etwa 20 Minuten backen und sofort servieren.

1 Baguettestange
4 EL Olivenöl
150 g Mozzarella,
  gut abgetropft und in
  Scheiben geschnitten
2 mittelgroße Zucchini,
  in Scheiben geschnitten
4 Tomaten,
  in Scheiben geschnitten
4 TL grünes Pesto, fertig
  oder selbst gemacht
  (Rezept Seite 34)
Salz
Pfeffer
4 EL Parmesan,
  frisch gerieben

Tamari-Mandeln

Mandeln sind schon von sich aus gesund und lecker! In würzige Tamari-Sojasauce eingelegt und anschließend kurz gebacken, werden sie zu einer ganz pikanten, coolen Knabberei. Täglich eine Handvoll würziger Mandeln – und schon ist man mit einer Vielzahl wichtiger Nährstoffe rundum versorgt.

*150 g Mandeln,
ganz und ungeschält
8 – 10 EL Tamari-
Sojasauce*

O Mandeln in eine kleine Schüssel geben, mit Sojasauce begießen, bis sie gerade so bedeckt sind. Einige Stunden durchziehen und anschließend abtropfen lassen.

O Die Mandeln auf einem mit Backpapier ausgelegten Blech ausbreiten und etwa 1 Stunde trocknen lassen. Anschließend bei 160 °C etwa 5 Minuten backen, einmal wenden und weitere 5 Minuten backen. Auskühlen lassen und genießen.

»Das Rezept funktioniert auch mit anderen Nüssen, zum Beispiel mit Walnüssen oder Cashewnüssen. Ich finde es mit Pekannüssen am besten.« (Anna-Lena)

Popcorn

Popcorn lässt sich in einer großen Pfanne mit möglichst hohem Deckel ganz einfach selbst herstellen.

○ Den Boden einer großen Pfanne mit dem Öl bedecken und die Maiskörner hineinstreuen (sie sollten nicht übereinanderliegen).

○ Deckel schließen und die Pfanne erhitzen. Sobald die ersten Körner knallend platzen, die Pfanne alle 20 bis 30 Sekunden etwas hin- und herruckeln, damit auch die restlichen Maiskörner ins heiße Fett fallen. Sobald wieder Ruhe eingekehrt ist, die Pfanne vom Herd nehmen und das fertige Popcorn (Vorsicht: heiß!) in eine große Schüssel kippen. Je nach Geschmack leicht salzen oder zuckern.

2 – 3 EL Bratöl
50 g Popcornmais
Salz
Vollrohrzucker
oder Zimtzucker

Variation: Popcorn mit Karamell

Wer es weniger süß mag, kann die Zucker- und Buttermenge für diese Popcornvariante nach Belieben reduzieren.

100 g Roh-Rohrzucker
50 g Butter
oder Margarine
1 EL Ahornsirup
1 EL Agavendicksaft
½ TL Vanille, gemahlen
¼ TL Salz
¼ TL Natron
1 Rezeptmenge Popcorn,
selbst gemacht
(Rezept Seite 133)
1 Handvoll Erdnüsse
oder Mandeln

○ Zucker mit Butter oder Margarine sowie Ahornsirup und Agavendicksaft unter ständigem Rühren zum Kochen bringen und etwa 10 Minuten leise köcheln lassen, bis die Masse braun und dicklich ist. Vanille, Salz und Natron einrühren.

○ Fertiges Popcorn mit den Erdnüssen oder Mandeln auf einem mit Pergamentpapier ausgelegten Blech ausbreiten. Karamell darübergießen und mit einem Löffel so verteilen, dass alles ganz vom Karamell eingehüllt ist.

○ Popcorn bei 120 °C 5 Minuten backen, mit dem Löffel wenden und weitere 5 Minuten backen. Leicht abkühlen lassen und noch warm servieren.

»Ich finde es toll, Popcorn mit den verschiedensten Gewürzen auszuprobieren. Mit Currypulver bestäubt, schmeckt es zum Beispiel toll. Aber auch Knoblauchsalz, geriebenen Parmesan oder Hefeflocken hab ich schon erfolgreich getestet. Mein Tipp für alle, die es besonders scharf mögen: Chilipulver oder Tabascosauce.« (Madeleine)

Omas Küchenhits 2.0

Geschmacksvorlieben bilden sich schon in der Kindheit heraus. Deshalb wollen wir auch unbedingt, dass es immer wieder einmal »wie damals« schmeckt. Vor allem die Omas bleiben ihren Enkeln oft als beste Köchinnen in Erinnerung. Denn bei ihnen schmeckt es und die Mahlzeiten verlaufen unbeschwert. Schließlich sind viele Omas darauf aus, ihre Enkel nach Strich und Faden zu verwöhnen – und das ist auch gut so!

Nach solchen Wohlfühlgeschmäckern sehnen wir uns zurück, wenn wir an Omas Küche denken. Das geht schon Jugendlichen so. Und wenn sie inzwischen Vegetarierinnen oder Vegetarier geworden sind, denken sie darüber nach, wie sich Omas Küchenhits womöglich auch ohne Fleisch zubereiten lassen. Erbsensuppe mit Speck, Kohlrouladen und »Königsberger Klopse« – wie könnte das auf Vegetarisch gehen?

Tatsächlich gibt es dafür jede Menge raffinierte Lösungen. Räuchertofu, Sojawürstchen und ein verblüffend würziger Auberginen-»Speck« füllen die vermeintliche »Fleischlücke«. Manchmal ist geduldiges Experimentieren angesagt und es dauert ein Weilchen, bis der »Speck« richtig speckig schmeckt und die Weizenklopse nicht mehr auseinanderfallen. Aber die Mühe lohnt sich. Und so manche Oma macht begeistert mit, wenn es darum geht, nach fleischlosen Alternativen zu suchen.

Viele von Omas Küchenhits wie Kartoffelpuffer (natürlich mit selbst gemachtem Apfelmus!), Bratäpfel und »Arme Ritter« sind von vornherein vegetarisch. Schließlich hat Oma schon immer gewusst, was für uns gut ist. Alle diese Speisen schmecken so megalecker, dass man sich am liebsten hineinsetzen könnte. Der Oma-Wohlfühlfaktor ist also garantiert!

Oma Inges Linsensuppe

Nichts geht über diese einfache, klassische Linsensuppe – natürlich nicht aus der Konserve!

250 g braune Linsen,
über Nacht eingeweicht
Wasser zum Einweichen
der Linsen
1 große Zwiebel, geschält
und grob gehackt
1 l Gemüsebrühe
2 Bund Suppengrün,
klein geschnitten
4 Kartoffeln, geschält
und grob gewürfelt
8 vegetarische
Mini-Krakauer
oder geräucherte
Mini-Würstchen
Salz
Pfeffer
½ Bund Petersilie,
fein gehackt
Tamari-Sojasauce
Apfelessig
Senf

○ Die eingeweichten Linsen abgießen und mit der Zwiebel in der Gemüsebrühe etwa 45 Minuten garen lassen.

○ Suppengrün und Kartoffeln einrühren und weitere 20 Minuten kochen.

○ Vegetarische Mini-Würstchen zugeben und die Suppe mit Salz und Pfeffer abschmecken.

○ Am Tisch kann dann jeder die Suppe je nach persönlichem Geschmack mit Petersilie bestreuen und mit Sojasauce und Apfelessig abschmecken. Auch ein Klacks Senf am Tellerrand zum Eintunken der Mini-Sojawürstchen ist bei Oma Inge erlaubt.

Georgs Feuerbohnen

Der gute, alte Bohneneintopf, mit pikanten Gewürzen geschickt aufgepeppt.
Die Bohnen brauchen Einweich- und Kochzeit – bitte einkalkulieren!

○ Die eingeweichten Feuerbohnen abgießen und in reichlich frischem Wasser etwa 90 Minuten garen (schneller geht's im Dampfdrucktopf).

○ Zwiebel, Knoblauch und Chili im Öl andünsten, nach und nach Paprika, Möhren und Kartoffeln dazugeben und mitdünsten lassen. Mit der Brühe ablöschen und etwa 10 Minuten köcheln lassen.

○ Tomaten, gegarten Mais, die vorgekochten Bohnen und zuletzt das Sojagranulat zugeben und noch etwas mitgaren lassen.

○ Mit Gemüsebrüheextrakt, Sambal Oelek, Pfeffer, Chilipulver, Muskat und Salz pikant abschmecken.

500 g Feuerbohnen,
über Nacht eingeweicht
Wasser für die Bohnen
1 große Zwiebel, geschält
und fein gehackt
2 Knoblauchzehen,
geschält und zerdrückt
2 rote Chilischoten,
entkernt und
fein gehackt
4 EL Rapsöl
2 Paprikaschoten,
fein gewürfelt
500 g Möhren, in dünne
Scheiben geschnitten
750 g Kartoffeln, geschält
und klein gewürfelt
500 ml Gemüsebrühe
800 g Tomaten, geschält
230 g Gemüsemais, gegart
50 g »Soja Crips«-Granulat
1 TL Gemüsebrüheextrakt
½ TL Sambal Oelek
Pfeffer
Chilipulver
Muskatnuss,
frisch gerieben
Salz

»Am besten so lange probieren, bis es so richtig feurig schmeckt. Jeder hat da so seinen eigenen bevorzugten Schärfegrad.« (Georg)

Erbsensuppe mit Auberginen-»Speck«

Eine deftige Erbsensuppe mit vegetarischem Speck – das könnte tatsächlich fast »wie bei Großmuttern« schmecken! (Rechtzeitig ans Einweichen der Erbsen und Auberginen denken.)

Für die Suppe:
250 g grüne
Trockenerbsen,
über Nacht eingeweicht
Wasser zum Einweichen
der Erbsen
1 l Gemüsebrühe
1 Lorbeerblatt
½ TL getrockneter
Thymian
1 große Zwiebel,
geschält und gehackt
2 Stangen Staudensellerie,
in dünne Scheiben
geschnitten
1 Möhre,
in dünne Scheiben
geschnitten
2 EL Butter
oder Margarine
1 kleiner Kopfsalat,
grob geschnitten
Salz
Pfeffer

Für den »Speck«:
1 mittelgroße Aubergine
4 – 6 EL Sojasauce
4 Spritzer flüssiges
Raucharoma (»Liquid
Smoke«, siehe Seite 68)
Salz
Pfeffer

○ Für die **Suppe** die eingeweichten Erbsen abgießen und in der Gemüsebrühe mit Lorbeerblatt und Thymian etwa 60 Minuten kochen.

○ Zwiebel, Sellerie und Möhre in der Butter andünsten, Salat zugeben, einige Minuten weiterdünsten und zu den Erbsen geben.

○ Lorbeerblatt entfernen und die Suppe mit dem Pürierstab grob pürieren und mit Salz und Pfeffer abschmecken.

○ Für den »**Speck**« das Stielende der Aubergine abschneiden, damit sie auf der Schnittfläche einen festen Stand bekommt. Auf ein Schneidebrett stellen und mit einem scharfen Messer oder Sparschäler dünne »Speckstreifen« abschneiden.

○ Sojasauce und Raucharoma in einer Schüssel mischen und mit Salz und Pfeffer pikant würzen.

○ Die Auberginenstreifen 3 bis 4 Stunden in der Flüssigkeit marinieren. (Dabei gelegentlich einmal umschichten, damit auch alle Teile gleichmäßig durchziehen können.) Auberginenstreifen abtropfen lassen und nebeneinander auf einem mit Backpapier ausgelegten Backblech ausbreiten. Bei 180 °C etwa 20 Minuten backen und abkühlen lassen. (Nicht zu lange backen, die gewünschte Knusprigkeit entsteht erst beim Abkühlen.)

○ Auf jeden Teller mit Erbsensuppe einige »Speckstreifen« legen.

Steckrübeneintopf

Steckrüben gelten zu Unrecht als altmodisches Arme-Leute-Gemüse. In Kriegszeiten retteten die auf den Feldern ausgebuddelten Rüben vielen Menschen das Leben. Omas wissen heute noch am besten, was man mit den fein süßlich schmeckenden Rüben in der Küche so alles anstellen kann. Meine Oma kochte meist diesen Eintopf, den sie wegen der großen gelben, orangen und roten Gemüsewürfel »Bauklotz-Eintopf« nannten.

O Steckrüben, Kartoffeln und Möhren mischen, mit Gemüsebrühe angießen und mit Majoran bestreuen.

O Den Tofu darüberlegen, Topf schließen und alles etwa 20 Minuten kochen lassen.

O Den Eintopf mit einem großen Klecks Senf an jedem Tellerrand servieren.

750 g Steckrüben, gewürfelt
3 große Kartoffeln, gewürfelt
3 große Möhren, in Scheiben geschnitten
300 ml Gemüsebrühe
1 TL getrockneter Majoran
250 g Räuchertofu, in dicke Scheiben geschnitten
Senf

»Ich halte den Konsum von Fleisch für eine reine Verschwendung von pflanzlichen Lebensmitteln und Wasser. Ständig sterben überall auf der Welt Menschen am Hunger, auch dort, wo das Futtermittel für unser Schlachtvieh herkommt. Und ein großer Teil des Wassers, das wir verbrauchen, wird für unsere Ernährung benötigt, ohne dass wir das bemerken. Fleischhaltiges Essen verbraucht wesentlich mehr Wasser als vegetarisches. Auch das für mich ein wichtiger Grund, auf Fleisch zu verzichten.« (Karo)

Sauerkraut mit Würstchen und Kartoffelbrei

Wie man Kartoffelbrei selber stampft, kann man gut von seiner Oma lernen. Es lohnt sich, denn dann braucht man nie mehr welchen aus der Tüte zu essen. Dazu gibt es heute etwas ganz Traditionelles: Sauerkraut und (Soja-) Würstchen.

Für das Sauerkraut mit Würstchen:
500 g Sauerkraut
100 ml Gemüsebrühe
1 Lorbeerblatt
einige Wacholderbeeren
8 Sojawürstchen
Senf

Für den Kartoffelbrei:
1 kg mehligkochende
Kartoffeln
125 ml Milch
oder Sojadrink
½ TL Gemüsebrühe-
extrakt
Salz
Pfeffer
Muskatnuss,
frisch gerieben

○ **Sauerkraut** mit Gemüsebrühe, Lorbeerblatt und Wacholderbeeren etwa 20 Minuten leise kochen.

○ In den letzten 5 Minuten der Kochzeit die Sojawürstchen zugeben und mitkochen lassen.

○ Für den **Kartoffelbrei** die Kartoffeln in der Schale garen, pellen und zerstampfen (oder durch eine Kartoffelpresse drücken). Milch oder Sojadrink erwärmen, mit Gemüsebrüheextrakt, Salz, Pfeffer und Muskat würzen und unter die Kartoffeln rühren, bis ein glatter Brei entsteht.

○ Sauerkraut, Sojawürstchen und Kartoffelbrei mit Senf servieren.

140

Eier mit Senfsauce

Das Standardgericht meiner Oma Else schmeckt am besten mit einem Riesenklacks Kartoffelbrei (Rezept Seite 140), in den man erst mit dem Löffel eine Mulde drückt und dann Sauce und Ei hineingibt.

○ Die Eier hart kochen und schälen.

○ Mehl in der Butter oder Margarine anschwitzen, vom Herd nehmen und mit dem Schneebesen die kalte Gemüsebrühe unterrühren.

○ Anschließend Milch oder Sojadrink zugießen und die Sauce unter ständigem Rühren noch einmal zum Kochen bringen.

○ Den Senf unterziehen und die Sauce mit Zucker, Salz und Pfeffer abschmecken. Zusammen mit den Eiern servieren.

4 Eier
4 EL Weizenvollkornmehl
4 EL Butter
 oder Margarine
200 ml kalte
 Gemüsebrühe
200 ml Milch
 oder Sojadrink
4 EL mittelscharfer Senf
 (oder mehr – je nach
 Geschmack!)
1 Prise Roh-Rohrzucker
Salz
Pfeffer

Königsberger Klopse

Meine Oma Else, eine begnadete Köchin und Hauswirtschafterin, machte die weltbesten »KK«. »Nie wieder Klopse?«, fragte ich deshalb bang, als ich Vegetarierin wurde. »Das geht ja gar nicht!« Also wurde probiert und experimentiert ... Und hier ist mein Rezept!

Ein paar Grundregeln stehen fest: Die Klopse dürfen nicht gebraten werden, sondern müssen in siedendem Wasser gar ziehen. Viele verschiedene Gewürze gehören hinein (dabei nicht zaghaft sein!). Die Spickzwiebel ist absoluter Oma-Else-Kult und wer Kapern in der Sauce nicht mag, lässt sie einfach weg, hat aber keine Ahnung, was er verpasst.

Für die Klopse:
250 g Weizen,
  grob geschrotet
450 ml Gemüsebrühe
2 Lorbeerblätter
4 Pimentkörner
2 kleine Zwiebeln
1 TL Butter
  oder Margarine
1 EL Sojasauce
1 Ei
1 Eiweiß
1 TL Senf
Kräutersalz
Paprikapulver
Knoblauchpulver
Muskatnuss,
  frisch gerieben
4 ganze Gewürznelken
Wasser zum Garen
  der Klopse
Salz
eventuell Semmelbrösel

O Für die **Königsberger Klopse** das Weizenschrot mit der Gemüsebrühe, einem Lorbeerblatt und den Pimentkörnern aufkochen und auf der ausgeschalteten Herdplatte etwa 15 Minuten ausquellen und anschließend ausreichend lange abkühlen lassen. (Die bindende Wirkung des Klebereiweißes im Weizen braucht eine Weile, bis sie sich entfaltet.)

O Eine Zwiebel schälen, fein hacken und in der Butter oder Margarine leicht andünsten. Die zweite Zwiebel schälen und halbieren.

O Gedünstete Zwiebel, Sojasauce, Ei, Eiweiß, Senf und Gewürze unter den Weizen rühren. Bei Bedarf Semmelbrösel zugeben, bis die Masse gut zusammenhält. Mit nassen Händen tischtennisballgroße Klopse formen.

O Aus der zweiten, halbierten Zwiebel die »Spickzwiebel« herstellen: Dafür eine Hälfte tief einschneiden und das zweite Lorbeerblatt hineinschieben. Dann die Gewürznelken mit den spitzen Enden zuerst in die zweite Hälfte der Zwiebel drücken.

○ Klopse und Spickzwiebel in kochendes
   Salzwasser geben, Herdplatte ausstellen, die
   Klopse etwa 10 Minuten gar ziehen lassen
   und mit einem Schaumlöffel vorsichtig herausheben.

○ Für die **Sauce** Butter oder Margarine zerlassen und das Mehl darin anschwitzen.

○ Von der Herdplatte nehmen, die kalte Brühe
   angießen und mit dem Schneebesen kräftig
   rühren, damit sich keine Klümpchen bilden.

○ Die Sauce auf die Herdplatte zurückstellen,
   zum Kochen bringen und etwa 5 Minuten
   kochen lassen.

○ Den Saucentopf wieder vom Herd nehmen.
   Eigelb mit Milch oder Sojadrink ver-
   schlagen und die Sauce damit abbinden.
   (Sie darf nicht mehr kochen!)

○ Kapern in die Sauce geben und mit Senf,
   Salz, Pfeffer, Muskat, Zucker und Zitronensaft abschmecken.

○ Zuletzt die Klopse in der Sauce noch
   5 Minuten ziehen lassen und mit Petersilie
   bestreuen.

○ Dazu gibt's Salzkartoffeln oder Reis.

Für die Kapernsauce:
2 EL Butter
*   oder Margarine*
2 EL Weizenvollkornmehl
500 ml kalte
*   Gemüsebrühe*
1 Eigelb
2 EL Milch
*   oder Sojadrink*
1 EL Kapern
½ TL mittelscharfer Senf
Salz
Pfeffer
Muskatnuss,
*   frisch gerieben*
1 Prise Roh-Rohrzucker
etwas Zitronensaft,
*   frisch gepresst*
1 Handvoll Petersilie,
*   fein gehackt*

Tipp:
Keine Panik, falls
die Masse für die Klopse zu
weich ist und beim Formen nicht
so richtig zusammenhält. Vielleicht
kühlte sie nicht lange genug ab? Dann
noch ein bisschen abwarten. Anschließend bei Bedarf Semmelbrösel unterkneten, bis die Masse besser hält.
Ein sehr gutes Notbindemittel ist
außerdem das Pulver für Kartoffelpüree aus dem Bio-
laden.

Oma Ilses Krautrouladen

Mit dieser Füllung, die sich auch für gefüllte Paprika oder Zucchini prima eignet, schmecken die Kohlrouladen richtig lecker.

150 g Sojagranulat
2 EL Sojasauce
Wasser zum Einweichen
Salz
1 TL Kümmel
1 Weißkohl (etwa 1 ½ kg)
2 Zwiebeln, geschält
und fein gehackt
2 Möhren,
fein geraspelt
150 g Gouda,
frisch gerieben
1 Ei
Pfeffer
Küchengarn
75 g Margarine
500 ml Gemüsebrühe
2 EL Tomatenmark
1 EL Speisestärke
2 EL Wasser
saure Sahne
oder Sojasahne
zum Abschmecken

○ Sojagranulat mit Sojasauce und ausreichend Wasser (siehe Angaben auf der Packung) etwa 1 Stunde einweichen und quellen lassen.

○ In einem großen Topf Salzwasser mit dem Kümmel zum Kochen bringen.

○ Vom Weißkohl den Strunk heraus- schneiden und den Kohlkopf kurze Zeit in das kochende Wasser legen, bis sich die äußeren Blätter lösen. Die abgelösten Blätter mit einem Schaumlöffel heraus- fischen und abtropfen lassen. Diesen Vor- gang so lange wiederholen, bis alle Blätter gelöst sind. Bei den großen Blättern die dicken Mittelrippen flach schneiden, damit sie sich besser aufrollen lassen.

○ Sojagranulat abgießen, mit Zwiebeln, Möhren, Käse und Ei vermischen und mit Salz und Pfeffer würzen.

○ Je zwei große Kohlblätter übereinander- legen. Zwei bis drei Esslöffel Füllung darauf geben und die Blätter aufrollen. (Dabei die Ränder immer wieder ein wenig nach innen klappen, damit sie schön dicht mit einge- rollt werden können). Die Rouladen mit Küchengarn umwickeln und zubinden.

○ In einem großen, breiten Topf die Rouladen in der Margarine von allen Seiten kräftig anbraten, bis sie braun werden.

○ Gemüsebrühe mit Tomatenmark vermischen und einen Teil der Flüssigkeit an die Rouladen im Topf gießen. Die Rouladen schmoren lassen, gelegentlich wenden und einen weiteren Teil der Flüssigkeit nachgießen. Sind die Rouladen gar, mit einem Schaumlöffel vorsichtig herausheben, vom Küchengarn befreien und auf einer Platte anrichten.

○ Speisestärke mit dem Wasser anrühren. Die Sauce damit binden und mit Salz, Pfeffer und etwas saurer Sahne oder Sojasahne abschmecken.

»Krautrouladen gab's immer, wenn ich bei meiner Oma Ilse zu Besuch war. Dann wurde ich Vegetarierin und sie hat sich diese vegetarische Version ausgedacht. Das fand ich toll!« (Karo)

Oma Karins Wirsingkohl

Wirsingkohl ist ein extrem gesundes Gemüse, enthält neben Vitamin C, Eisen und Betacarotin reichlich Ballaststoffe und stärkt das Immunsystem. All dies wissen Omas, wenn sie solche traditionsreichen Gemüsearten kochen (machen aber keine großen Worte darüber). Schließlich wollen sie für uns immer nur das Beste!

200 g Grünkern
500 ml Wasser
Salz
1 kleiner oder ½ großer
Wirsingkohl
250 g Champignons,
geputzt und in Scheiben
geschnitten
2 EL Butter
oder Margarine
2 große Tomaten,
in Achtel geschnitten
Pfeffer
2 TL Kümmel
50 g Parmesan,
frisch gerieben
2 EL Kürbiskerne
½ Bund Petersilie,
grob gehackt

○ Grünkern in das kochende Wasser geben, kurz aufkochen lassen und bei geringer Hitze 45 Minuten ausquellen lassen.

○ Den Wirsingkohl vom Strunk aus in vier gleich große Teile schneiden und in etwas Salzwasser zugedeckt 15 Minuten garen.

○ Champignons in der Butter oder Margarine dünsten, Tomaten und Grünkern zufügen und noch kurz mitdünsten lassen, mit Salz und Pfeffer würzen.

○ Kohlstücke sehr gut abtropfen lassen, in eine große, flache Schüssel legen oder auf vier Teller verteilen und mit dem Kümmel bestreuen.

○ Die Grünkern-Pilz-Mischung darübergeben und mit Parmesan, Kürbiskernen und Petersilie bestreuen.

Kartoffelpuffer mit Apfelmus

Nach einer Grundregel meiner Oma Else schmeckt Apfelmus am besten, wenn man es aus Fallobst und möglichst verschiedenen Sorten kocht. Sie nannte das eine »richtig gute Landstraßenmischung«. Deshalb lohnt es sich, im Herbst immer mal wieder einen Korb Äpfel aufzulesen. Die schlechten Stellen lassen sich ganz einfach herausschneiden und das Apfelmus schmeckt unnachahmlich gut – nach Oma eben!

○ Für die **Puffer** geriebene Kartoffeln und Zwiebeln mit Eiern, Vollkornmehl und Salz zu einem Teig verrühren. Löffelweise in sehr heißem Fett von jeder Seite 3 bis 4 Minuten knusprig braten.

○ Für das **Apfelmus** die Äpfel mit dem Wasser weich kochen und durch ein Sieb passieren. Nach Bedarf mit etwas Zucker oder Honig süßen.

Für die Puffer:
*150 g rohe Kartoffeln,
geschält und
grob gerieben
2 Zwiebeln, geschält
und fein gerieben
3 Eier
3 EL Vollkornmehl
1 TL Salz
Öl zum Braten*

Für das Apfelmus
*1 kg Äpfel, geschält,
geviertelt und entkernt
100 ml Wasser
etwas Vollrohrzucker
oder Honig*

147

Bratäpfel

Wenn es im Herbst oder Winter draußen so richtig regnet oder stürmt, sind Bratäpfel genau das passende Gegenmittel. Dazu gemütlich einen heißen Gewürztee trinken – perfekt!

4 säuerliche Äpfel
(z. B. Boskop oder
Ingrid Marie)
4 TL Rosinen
4 TL Nüsse oder
Mandeln, gemahlen
4 TL Honig
oder Agavendicksaft
2 TL Butter
oder Margarine
Fett für die Form

○ Aus den Äpfeln die Kerngehäuse ausstechen.
○ Rosinen, Nüsse oder Mandeln und Honig oder Agavendicksaft vermischen und die Äpfel damit füllen.
○ Zum Schluss jeweils einen halben Teelöffel Butter oder Margarine aufsetzen.
○ Äpfel in einer gefetteten, feuerfesten Schale bei 180 °C etwa 50 Minuten backen.

Milchreis mit Obst und gehackten Mandeln

Bei Liebeskummer oder verstimmtem Magen, verzwickten schulischen Problemen oder mieser Laune ohne bestimmbaren Grund kochen Omas einen großen Pott Milchreis mit reichlich Mandeln und Zimtzucker. Hilft immer!

100 g Vollkornreis
(Rundkorn)
100 ml Wasser
100 ml Milch
250 g Obst der Saison
(z. B. Äpfel, Pfirsiche,
Kirschen),
in mundgerechte
Stücke geschnitten
etwas Wasser
2 EL Vollrohrzucker
½ TL Zimt, gemahlen
50 g Mandeln,
grob gehackt

○ Reis in dem Wasser leise köcheln lassen, bis er das Wasser aufgesogen hat. Dann die Milch zugießen und den Reis weiter ausquellen lassen.
○ Obst mit wenig Wasser aufkochen und unter den Reis mischen.
○ Zucker mit Zimt verrühren, die Mandeln untermischen und das Ganze über den Milchreis mit Obst streuen.

Arme Ritter

Arme Ritter sind ein uraltes Gericht. Schon in einem Kochbuch aus dem 14. Jahrhundert werden sie unter dieser Bezeichnung aufgeführt. Sie sind preiswert und sie machen ausgesprochen satt. Zudem dienen sie der Nachhaltigkeit: Alt gewordenes Brot lässt sich mit ihrer Hilfe sehr gut wieder schmackhaft machen. Vielleicht gelten sie deshalb als typisches Oma-Gericht, denn in der leckeren Resteverwertung sind die meisten Omas top!

○ Milch oder Sojadrink, Eier und Vanillepulver verquirlen.

○ Brote so lange darin einweichen, bis sie sich ganz vollgesogen haben. Vorsichtig herausheben und von beiden Seiten in den Semmelbröseln wälzen.

○ In reichlich Butter oder Margarine in der heißen Pfanne von beiden Seiten goldgelb ausbacken.

○ Dazu schmeckt ein frisches Obstkompott.

250 ml Milch
oder Sojadrink
2 Eier
etwas Vanille, gemahlen
4 Scheiben altbackenes
Vollkorntoastbrot
80 – 100 g Vollkornsemmelbrösel
Butter oder Margarine
zum Ausbacken

Armer Ritter!

DARK KNIGHT

»Bei meiner Jaja (Oma) in Griechenland heißen die Armen Ritter Eierscheiben und werden mit Olivenöl statt Butter ausgebacken.« (Elena)

Eistees, Smoothies, Schlürfgetränke

Fertig gekaufte In-Getränke sind nicht nur teuer, sondern enthalten auch diverse Aromastoffe und sehr viel Zucker. Wer selbst mixt, weiß, was er sich ins Glas gießt. Vor allem aber macht es viel mehr Spaß, leckere Getränke selbst zu mischen – ob nur für sich selbst oder gleich für die ganze Clique, beides kommt gleichermaßen gut an.

Eistees beispielsweise sind fix selbst zubereitet und lassen sich vom Geschmack her auf vielfältigste Weise variieren. Ebenso wie die hausgemachten Limonaden machen sie in einer großen Glaskaraffe oder einem schönen Glaskrug besonders viel her.

Und für die vielen bunten Smoothies, die in diesem Kapitel vorgestellt werden, kann jede und jeder die ganz persönlichen Lieblingsobstsorten ins Spiel bringen. Gleiches gilt für die Frage, ob Joghurt, Kefir, Sojajoghurt, Mandelmilch, Sojadrink oder Seidentofu als Smoothie-Basis zum Einsatz kommen sollen – die Auswahl der Zutaten könnte kaum größer sein!

Ein sehr nettes Schlürfgetränk für größere Runden ist schließlich die gute alte Bowle, die sich ebenfalls ganz kreativ und nach eigenen Vorlieben abwandeln lässt. Am Ende des Kapitels finden sich ein paar bei Teenagern besonders beliebte Rezepte aus unserem Bowle-Laboratorium.

Eistees

Eistees sind DAS Teenager-Getränk und ganz leicht selbst herzustellen. Nur eine ganz wichtige Regel muss beachtet werden: Langsam abgekühlter Tee wird schnell bitter. Deshalb: Tee mit weniger Wasser überbrühen, dafür aber sofort nach dem Ziehen heiß mit reichlich Eiswürfeln in einen Glaskrug geben und gleich ab in den Kühlschrank damit! Denn Schockfrosten bewahrt beim Eistee das Teearoma.

○ Tee mit dem kochenden Wasser überbrühen, 3 Minuten ziehen lassen und in einen 1-Liter-Krug abgießen.

○ Eine Zitrone auspressen, den Saft mit dem Zucker in den Tee rühren. Tee mit Eiswürfeln auffüllen und im Kühlschrank abkühlen lassen.

○ Die zweite Zitrone in Scheiben schneiden, mit frischen Eiswürfeln in Gläser füllen und mit dem Tee aufgießen.

*12 TL Schwarztee
(Assam)
600 ml Wasser, kochend
2 unbehandelte Zitronen
3 EL Vollrohrzucker
Eiswürfel aus mindestens
600 ml Wasser (lieber
mehr als zu wenig,
zusätzlich an frische
Eiswürfel für die Gläser
denken)*

Andere Eistee-Ideen:

▷ *»Erdbeertee«: Früchtetee aufbrühen, abkühlen lassen und mit frischen Erdbeeren in die Gläser füllen.*

▷ *»Grüntee«: Statt Assam Grünen Tee verwenden und mit Limettensaft und -scheiben mischen.*

▷ *»Traubentee«: Schwarztee und Früchtetee mischen, roten Traubensaft zugeben, mit frischen Trauben auf Holzspießen verzieren.*

▷ *»Pfefferminztee«: Frische Minze überbrühen und mit Zitronensaft und -scheiben mischen.*

▷ *»Schneller Apfeltee«: Früchtetee und Apfelsaft im Verhältnis 1:1 mischen. Schmeckt kalt im Sommer und heiß im Winter!*

»Ich experimentiere gern bei den Eiswürfeln und stelle sie aus verschiedenen Fruchtsäften her. Es ist spannend, wie auf diese Weise immer neue Geschmackserlebnisse entstehen. Außerdem lässt sich der Tee prima mit den passenden Obststückchen mischen!« (Mara)

Echte Limonade

Limonade, wie sie früher gemacht wurde, denn das Wort kommt von »lemon«
(= Zitrone). Lange Zeit galt sie als DAS sommerliche Erfrischungsgetränk.
Kein Wunder, denn sie ist schnell gemacht und lässt sich leicht kreativ abwandeln. Bei der Zubereitung lohnt es sich, den Zucker zuerst im heißen Wasser
aufzulösen. Später lässt sich durch Zugabe von Zitronensaft oder Zucker der
Süße- oder Säuregrad genauer regeln.

1 l Wasser
Vollrohrzucker
nach Belieben
Saft von 8 – 10 unbe-
handelten Zitronen
Eiswürfel
Zitronenschnitze
Minzezweige

○ Wasser und Zucker in einem Kochtopf
erhitzen und gelegentlich umrühren, bis
sich der Zucker vollständig aufgelöst hat.

○ Wasser in einen Glaskrug gießen, Zitronensaft einrühren und etwa 1 Stunde lang kühl
stellen. Nach Bedarf noch etwas nachsüßen.

○ Eiswürfel zugeben. Mit Zitronenschnitzen
und frischer Minze garnieren.

Andere Limonaden-Ideen:

▷ *Dünne Apfelscheiben mit Schale in der Limonade schwimmen lassen.*

▷ *»Pink Lemonade«: Kirsch-, Erdbeer-, Himbeer-, Cranberry- oder roten*
Traubensaft in die fertige Limonade geben.

▷ *»Green Lemonade«: Waldmeistersirup in die Limonade rühren. Als Gag*
vegetarische Gummibärchen (ohne Gelatine) in die Limonade geben
(und zuschauen, wie sie in der Flüssigkeit wachsen …).

Smoothies

Vom sonnigen Kalifornien aus haben die Smoothies ihren Siegeszug rund um den Erdball angetreten. Sie gelten als Inbegriff des hippen Fitness-Getränks. Kein Wunder, denn sie enthalten jede Menge Vitamine und viel Protein und Kalzium. Alle Arten von Obst oder Gemüse können zum Einsatz kommen und werden entweder pur oder mit den verschiedensten Milch- oder Soja-produkten zusammengemixt. Hilfreich ist deshalb ein Standmixer oder ein Pürierstab.

Mango-Smoothie

○ Mangos schälen. Das Fruchtfleisch vom Kern ablösen, würfeln und zusammen mit der Milch oder dem Sojadrink und dem Joghurt oder Sojajoghurt im Mixer oder mit dem Pürierstab pürieren.

○ Smoothie in vier Gläser gießen und mit zur Hälfte eingeschnittenen Orangenscheiben und Zitronenmelisse verzieren.

2 reife Mangos
800 ml Milch
  oder Sojadrink
150 g Vanillejoghurt
  oder Vanille-Soja-
  joghurt
4 Orangenscheiben
4 Stängel Zitronenmelisse

Karibik-Smoothie

○ Alle Zutaten bis auf die Orangenscheiben in einem Mixer gut miteinander verquirlen oder mit dem Pürierstab mixen.

○ In vier Gläser geben und mit dünnen Oran-genscheiben am Glasrand verzieren.

400 ml Orangensaft
200 ml Maracujasaft
200 ml Ananassaft
1 Banane, geschält
2 EL Kokosmilch
4 dünne Orangenscheiben

Deedees Bananen-Smoothie

Ein tolles Grundrezept, das sich vielfältig abwandeln lässt.
Achtung Vorlaufzeit! *Die Früchte sollten für einige Stunden in den Tiefkühler.*

4 reife Bananen
2 EL Zitronensaft
100 g Seidentofu
2 EL weißes Mandelmus
½ TL Zimt, gemahlen
Wasser nach Bedarf

○ Bananen schälen, in Stücke schneiden, mit dem Zitronensaft beträufeln und für etwa 3 Stunden in den Tiefkühler legen.

○ Gefrorene Bananen mit Tofu, Mandelmus und Zimt in einen Mixer geben und kräftig durchmixen.

○ Bananen-Smoothie in vier Gläser geben, mit Wasser auffüllen und noch einmal gut verrühren.

Variationen:

▷ *Haselnuss-, Cashewnuss- oder ein anderes Nussmus statt des Mandelmuses verwenden.*

▷ *Statt Zimt gemahlene Vanille, gemahlenen Kardamom oder Lebkuchengewürz verwenden.*

▷ *Mit Melasse, Zuckerrübensirup, Agavendicksaft, Marmelade, Honig oder Nuss-Nougat-Creme süßen.*

»Hmmm ... Mein süßer, sanfter, dickflüssiger Bananen-Smoothie ist einfach genau das Richtige für ein entspanntes, spätes Frühstück. Mehr brauche ich nicht!« (Deedee)

Smoothie blau-orange

○ Alle Zutaten außer der Minze im Mixer
oder mit dem Pürierstab gut miteinander
vermischen.

○ Smoothie auf vier Gläser verteilen und mit
Minzeblättern garnieren.

500 g Blaubeeren,
  tiefgekühlt
500 ml Orangensaft
500 g Vanillejoghurt
  oder Vanille-Soja-
  joghurt
4 Minzezweige

Smoothie pink in pink

○ Vier Teelöffel Beeren zum Verzieren beiseite
legen.

○ Die restliche Zutaten im Mixer oder mit
dem Pürierstab gut vermischen und auf vier
Gläser verteilen.

○ Smoothie mit den Beeren verzieren.

500 g Beeren
(z. B. Himbeeren,
Erdbeeren, Blaubeeren,
Brombeeren), einzeln
oder gemischt
500 ml Milch
  oder Sojadrink
500 g Himbeerjoghurt
  oder Himbeer-Soja-
  joghurt

155

Pfirsich-Bananen-Smoothie

250 g Erdbeeren
1 Pfirsich, geschält,
* entkernt und gewürfelt*
1 Banane, geschält
250 ml Orangensaft
2 EL Honig
* oder Agavendicksaft*
2 TL Pistazienkerne,
* gehackt*

○ Einige Erdbeeren halbieren und beiseite legen. Die restlichen Erdbeeren mit Pfirsich, Banane, Orangensaft und Honig oder Agavendicksaft im Mixer oder mit dem Pürierstab gut vermischen.

○ Smoothie auf vier Gläser verteilen. Mit den aufbewahrten Beeren verzieren und den Pistazienkernen bestreuen.

»PP« (Papaya-Pfirsich-Smoothie)

1 kleine Papaya
500 ml Papayasaft
200 ml Kefir
* oder Sojajoghurt*
100 g Cashewnüsse
4 große, reife Pfirsiche,
* entkernt und gewürfelt*

○ Papaya schälen und entkernen. Einen Teelöffel Kerne aufbewahren und ein Viertel des Fruchtfleischs in schmale Streifen schneiden.

○ Restliche Papaya mit den anderen Zutaten mit dem Mixer oder Pürierstab gut durchmixen und auf vier Gläser verteilen.

○ Smoothie mit Papayastreifen und (schön pfeffrigen!) Papayakernen verzieren.

»AB« (Avocado-Bananen-Smoothie)

2 Bananen
2 Kiwis, geschält
1 große, reife Avocado,
* geschält und entkernt*
200 g Erdbeeren,
* tiefgekühlt*
500 ml Apfelsaft
Saft einer Limette
2 EL Agavendicksaft

○ Die Bananen schälen, in Stücke schneiden und etwa 3 Stunden in den Tiefkühler legen.

○ Von den Kiwis vier Scheiben abschneiden und beiseite legen.

○ Restliche Kiwis mit Bananen, Avocado, Erdbeeren, Säften und Agavendicksaft gut im Mixer oder mit dem Pürierstab mixen.

○ Smoothie auf vier Gläser verteilen. Kiwischeiben bis zur Mitte einschneiden und auf die Glasränder stecken.

Mango Lassi

Das traditionelle indische Joghurtgetränk. Vielleicht kennt es schon jemand aus dem indischen Restaurant?

○ Mangos schälen. Das Fruchtfleisch vom Kern ablösen, würfeln und zusammen mit dem Joghurt oder Sojajoghurt und Agavendicksaft im Mixer oder mit dem Pürierstab gut durchmixen.

○ Mit Limettensaft oder Zitronensaft abschmecken.

○ Eiswürfel auf vier Gläser verteilen und mit Lassi aufgießen.

2 frische, reife Mangos
500 g Joghurt
oder Sojajoghurt
4 TL Agavendicksaft
2 TL Limettensaft
oder Zitronensaft
4 – 8 Eiswürfel

Ayran

Das türkisch-herzhafte Pendant zum indischen Lassi. Eine herrliche Erfrischung und ein wahres Nährstoffpaket!

○ Joghurt, Wasser und Salz im Mixer oder mit dem Pürierstab verquirlen.

○ Kräuter unterrühren und Ayran mindestens 1 Stunde im Kühlschrank kalt stellen.

○ Vor dem Servieren mit dem Schneebesen schaumig schlagen.

1 kg Naturjoghurt
400 ml stilles Mineral-
wasser
¼ TL Salz
1 Bund Pfefferminze,
Kerbel oder Dill,
fein geschnitten

Milkshakes

Milkshakes werden mit Speiseeis gemacht und sind vor allem im Sommer eine bei Teenagern äußerst beliebte Erfrischung. Am besten schmecken sie aus hohen Gläsern mit dicken Trinkhalmen. Toll sind Shakelöffel, die gleich einen Trinkhalm im Stiel haben.

Erdbeershake

200 g Erdbeeren
4 Kugeln Vanilleeis
300 ml Buttermilch
2 EL Vollrohrzucker

○ Jeweils alle Zutaten im Mixer oder mit dem Pürierstab schaumig schlagen und auf vier Gläser verteilen.

Bananenshake

2 Bananen, geschält
500 ml Milch
4 Kugeln Vanilleeis

Himbeershake

200 g Himbeeren
4 Kugeln Vanilleeis
100 ml Milch
350 ml Kefir
    oder Schwedenmilch

Bowlen

Bei Partys und immer dann, wenn sich eine größere Runde zusammenfindet, macht eine Bowle viel her. Am besten kommt sie in einem großen, gläsernen Gefäß zur Geltung, damit man die farbenfrohen Zutaten gut sehen kann. Mit einer Kelle wird die leckere Flüssigkeit dann am Tisch in die einzelnen Gläser gefüllt.
Endlose Variationen sind möglich. Hier einige unserer Favoriten.

Pfefferminzbowle

O Pfefferminzstängel leicht andrücken und in das Bowleglas geben.

O Mit den frisch gepressten Fruchtsäften übergießen und mit Apfelsaft auf einen halben Liter auffüllen.

O Honig oder Agavendicksaft dazugeben und so lange rühren, bis er sich gut aufgelöst hat.

O Die Bowle mindestens 1 Stunde bei Zimmertemperatur ziehen lassen, dann kühl stellen. Kurz vor dem Servieren mit dem kalten Mineralwasser auf einen Liter auffüllen.

7 Stängel Pfefferminze
2 Zitronen, ausgepresst
3 Orangen, ausgepresst
etwas Apfelsaft
3 EL Honig
oder Agavendicksaft
500 ml kohlensäure-
haltiges Mineralwasser,
gekühlt

Apfelbowle

O Zitronenmelisse andrücken und mit den Apfelspalten in ein großes Glasgefäß geben. Früchtetee und Apfelsaft zugießen. Die Bowle mindestens 1 Stunde ziehen lassen.

O Kurz vor dem Servieren das Mineralwasser einrühren.

5 Stängel Zitronenmelisse
1 Apfel, in sehr schmale
Spalten geschnitten
1 l Früchtetee,
aufgebrüht und
abgekühlt
1 l klarer Apfelsaft
500 ml kohlensäure-
haltiges Mineralwasser,
gekühlt

Traubenbowle

100 g rote Weintrauben
100 g grüne Weintrauben
500 ml roter Traubensaft
500 ml weißer
  Traubensaft
100 ml Zitronensaft
1 Flasche (750 ml)
  kohlensäurehaltiges
  Mineralwasser, gekühlt

O Trauben waschen, halbieren und entkernen.
O Die Früchte zusammen mit den Säften in einem Bowlegefäß verrühren und kühl stellen.
O Vor dem Servieren mit dem Mineralwasser auffüllen.

Himbeer-Zitronen-Bowle

4 unbehandelte Zitronen
5 EL Honig
  oder Agavendicksaft
250 g Himbeeren,
  tiefgekühlt
2 Flaschen (á 750 ml)
  kohlensäurehaltiges
  Mineralwasser, gekühlt

O Zwei Zitronen heiß abwaschen und gut trockenreiben. Die Schale abreiben.
O Alle Zitronen halbieren, Saft auspressen und mit der abgeriebenen Schale mischen. Honig oder Agavendicksaft unterrühren und den Saft etwa 1 Stunde kühl stellen.
O Die Himbeeren zu der Zitronenmischung geben und mit dem Mineralwasser auffüllen.

Papayabowle

Diese festliche Bowle punktet wegen ihrer schönen, goldenen Farbe und den würzig pfeffrigen Papayakernen mit einem echten Wow-Effekt.

½ große oder 1 kleinere,
  reife Papaya, geschält
3 EL Papayakerne, frisch
  aus der Papaya gelöst
1 l Ananassaft
l 1 Maracujasaft
1 l kohlensäurehaltiges
  Mineralwasser, gekühlt

O Papaya in mundgerechte Stücke schneiden. Mit den Papayakernen und den Säften vermischen und einige Zeit durchziehen lassen.
O Zuletzt das Mineralwasser dazugeben und die Bowle servieren.

Frühstück und Pausenbrot

Alle ab Seite 153 vorgestellten Smoothies eignen sich hervorragend als »flüssiges Frühstück«. Wer morgens etwas zum Kauen braucht, greift lieber zu Cerealien oder belegten Broten. Brote mit interessanten vegetarischen Aufstrichen oder anderen Belägen wandern als Sandwiches oft auch in die Pausendose. Die Rezepte unserer Lieblingsaufstriche und -sandwiches sind in diesem Kapitel nachzulesen.

Die Pausendose kann aber ebenso auch frisches Obst wie Äpfel, Trauben, Apfelsinen, Mandarinen oder Kirschen sowie frisches Gemüse wie Möhren, Gurken, Paprika, Sellerie, Blattsalat, Pilze oder Tomaten sowie Cracker oder Reiswaffeln, Trockenfrüchte oder Nüsse enthalten.

In einer kleinen, fest verschließbaren Extradose bringen Apfelmus oder Obstkompott eine fruchtige Erfrischung. Darin lässt sich auch ein Salatdressing transportieren, wenn in der Pause am liebsten frische Salate gegessen werden (Gabel nicht vergessen!). Geeignet sind z. B. Nudel-, aber auch Kartoffelsalat (Rezepte Seite 36 und 108). Zwei weitere Beispiele für gute Pausendosensalate finden sich am Ende dieses Kapitels.

Aber auch etliche der bereits vorgestellten Wraps und Snacks eignen sich als Pausenfutter. Bewährt hat es sich, wenn in der Familie gemeinsam besprochen wird, was gut ankommt und was weniger reizvoll ist. Ganz wichtig ist, dass Eltern und Teenager über die Pausendose im Gespräch bleiben. Hinein soll nur das, was die Jugendlichen wirklich gern essen. Ein gutes Indiz dafür ist, dass die Dose leer wieder nach Hause kommt.

Knuspermüsli selbst gemacht

Viele Teens haben bereits ein festes Lieblingsmüsli. Trotzdem lohnt es sich, einmal dieses Knuspermüsli auszuprobieren. Trocken aus der Hand genascht oder mit Milch, Sojadrink, Joghurt, Sojajoghurt oder Obstsalat gemischt – es schmeckt allen gut und lässt sich zum Glück ganz einfach selbst herstellen. Auch für die Pause eignet es sich hervorragend, als nahrhaft süße Knabberei oder mit in einem kleinen Extragefäß mitgebrachter Milch oder mitgebrachtem Sojadrink als echtes Löffelmüsli (Löffel nicht vergessen!).

Bei unserem Knuspermüsli können alle Zutaten nach dem persönlichen Geschmack frei variiert werden. Alle Arten von Getreideflocken, Nüssen und Samen sind erlaubt.

250 g kernige Haferflocken
125 g Mandeln, grob gehackt
40 g Kokosraspel
1 Päckchen Vanillezucker
1 TL Zimt, gemahlen
½ TL Ingwer, gemahlen
¼ TL Salz
4 EL Ahornsirup
2 EL Rapsöl
2 EL Wasser
Trockenfrüchte (z. B. Rosinen, getrocknete Cranberrys, Aprikosen) nach Belieben

○ Haferflocken, Mandeln und Kokosraspel mit den Gewürzen in einer Schüssel gut verrühren.

○ Ahornsirup, Rapsöl und Wasser in einem kleinen Topf auf dem Herd vorsichtig erwärmen, gut verquirlen und nach und nach unter wiederholtem Umrühren über die Müslimischung träufeln.

○ Noch einmal gründlich mischen und das Müsli auf einem mit Backpapier ausgelegten Backblech verteilen. Bei 160 °C etwa 20 Minuten backen, bis das Müsli schön gebräunt und knusprig ist. Spätestens nach der Hälfte der Zeit vorsichtig wenden und danach immer mal wieder nachschauen, damit die Mischung nicht verbrennt.

○ Das Müsli gut auskühlen lassen, nach Belieben Trockenfrüchte wie Rosinen oder getrocknete Cranberrys untermischen und in einem luftdichten Gefäß verstauen.

○ Das Knuspermüsli ist gut eine Woche haltbar.

Bananen-Nuss-Aufstrich

O Alle Zutaten gut vermischen. Schmeckt nach Meinung aller bisherigen Testpersonen am besten auf gerösteten Rosinenbrötchen.

4 EL Erdnussmus
oder ein anderes
Nussmus
2 Bananen,
geschält und zerdrückt
¼ TL Zimt, gemahlen
Zitronensaft nach
Geschmack

Bananen-Erdbeer-Aufstrich

O Marmelade und Bananen vermischen und so viel Frischkäse oder Seidentofu zugeben, dass eine cremige Konsistenz entsteht. Den Aufstrich mit Zitronensaft abschmecken.

4 EL Erdbeermarmelade
2 Bananen,
geschält und zerdrückt
1 – 2 EL Frischkäse
oder Seidentofu
Zitronensaft nach
Geschmack

Süßes Dattelmus

Mindestens so süß und lecker wie die berühmte Nougatcreme, dafür aber vollgepackt mit Mineralstoffen und anderen wichtigen Nährstoffen. Im Kühlschrank ist es mehrere Wochen haltbar und auch sonst in der Küche als universelles Süßungsmittel einsetzbar.

O Datteln grob in Stücke schneiden. Mit wenig Wasser langsam erhitzen und etwa 5 bis 10 Minuten köcheln, bis sie weich sind.

O Die gedünsteten Datteln im Mixer oder mit dem Pürierstab pürieren und in ein Schraubglas geben.

100 g getrocknete Datteln,
entkernt
etwas Wasser

Ruckzuck-Pflaumenmus

Trockenpflaumen enthalten viel Eisen und andere Nährstoffe, die für Veggie-Teens wichtig sind. Dieses rohe Pflaumenmus schmeckt lecker und ist tatsächlich ruckzuck gemacht.

500 g ungeschwefelte
Trockenpflaumen,
entsteint
Wasser zum Einweichen
Saft einer halben Zitrone
1 Prise Zimt, gemahlen
1 Prise Gewürznelken,
gemahlen

○ Pflaumen knapp mit Wasser bedecken und einen Tag lang einweichen lassen.
○ Zusammen mit dem Zitronensaft im Mixer oder mit dem Pürierstab pürieren und mit den Gewürzen abschmecken.

Avocadocreme

1 reife Avocado,
geschält und entkernt
50 g Frischkäse
oder Seidentofu
1 EL Zitronensaft
Kräutersalz
Pfeffer

○ Avocado in Stücke schneiden und mit Frischkäse oder Seidentofu und Zitronensaft im Mixer oder mit dem Pürierstab pürieren. Mit Kräutersalz und Pfeffer abschmecken.

Käse-Nuss-Brot

8 Scheiben Vollkorn-
toastbrot
sahniger Schmelzkäse
(Menge nach Belieben)
2 Äpfel, in dünne Spalten
geschnitten
4 EL Haselnüsse,
grob gehackt

○ Alle Brote dick mit Schmelzkäse bestreichen und vier Brotscheiben zusätzlich mit den Apfelspalten belegen.
○ Die gehackten Haselnüsse darüberstreuen und die Brote zusammenklappen.

Bananen-Erdnuss-Sandwich

○ Alle Brotscheiben mit dem Erdnussmus bestreichen.

○ Bananen schälen, der Länge nach durchschneiden, auf vier Brote verteilen und mit dem Zitronensaft beträufeln.

○ Die anderen Brote darüberklappen

8 Scheiben Vollkorn-
  toastbrot
8 EL Erdnussmus
4 reife Bananen
Saft einer halben Zitrone

Maras Spezialsandwich mit Erdnusssalat

○ Alle Brote mit Butter oder Margarine bestreichen.

○ Äpfel, Sellerie, Rosinen und Erdnüsse in einer Schüssel mischen und Mayonnaise oder Tofunaise unterziehen.

○ Die Mischung auf vier Brote streichen und die anderen Brote darüberklappen.

8 Scheiben Vollkorn-
  toastbrot
4 TL Butter
  oder Margarine
2 Äpfel, entkernt und
  sehr fein gewürfelt
2 Stangen Staudensellerie,
  in sehr dünne Streifen
  geschnitten
50 g Rosinen
50 g Erdnüsse, geschält
6 EL Mayonnaise
  oder Tofunaise
Salz
Pfeffer

»Den Erdnusssalat kann man auch sehr gut ohne Brot in einer separaten Dose mit zur Schule nehmen. Dann aber unbedingt an eine Gabel denken!« (Mara)

Pausendosen-Salat

Viele der im Kapitel »Salatbar« vorgestellten Salate (ab Seite 112) können natürlich ebenfalls in die Brotdose wandern und als erfrischender Pausensnack dienen. Wie bei diesem Salat wird das Dressing dann fertig angerührt in einer kleinen, separaten Dose mitgenommen und erst in der Pause über den Salat gegeben.

*2 EL Joghurt
    oder Sojajoghurt
2 EL Olivenöl
2 TL Apfelessig
¼ TL Kurkuma,
    gemahlen
2 große Möhren,
    grob geraspelt
1 Apfel,
    grob geraspelt
200 g Trauben,
    halbiert
2 Stangen Staudensellerie,
    in dünne Streifen
    geschnitten
50 g getrocknete
    Cranberrys
Zitronensaft
    nach Belieben*

O Joghurt oder Sojajoghurt, Öl, Essig und Kurkuma verquirlen und in einer separaten, gut verschließbaren Dose verstauen.

O Möhren, Apfel, Trauben, Sellerie und Cranberrys in der Brotdose vermischen und mit Zitronensaft beträufeln. Gabel einpacken!

O Vor dem Essen die Salatsauce in der Dose noch einmal kurz durchschütteln und dann mit dem Salat vermischen.

»Egal, wohin ich gehe, ich nehme mir immer etwas Gutes mit, damit ich mir nicht aus Frust oder Hunger irgendetwas reinstopfen muss. Eine Dose mit Apfelschnitzen und eine Tüte mit Studentenfutter bilden meine berühmte Notration.« (Lilla)

Süße Sachen

Schon in früheren Kapiteln kamen immer wieder einmal süße Köstlichkeiten vor: Süßer Nudelauflauf mit Pflaumenkompott (Seite 42), Fruchtige Erdbeerpizza (Seite 56), Obst-Burger, Süße Tacos (Seite 84), Süße Pita-Taschen mit Erdbeeren (Seite 97), Leons schnelle Apfeltaschen (Seite 98), Bananen-Haselnuss-Taschen (Seite 98), Bratäpfel (Seite 148), Milchreis mit Obst und gehackten Mandeln (Seite 148), Arme Ritter (Seite 149) und Popcorn mit Karamell (Seite 134).

Auch hier, in der süßen Nasch- und Nachtisch-Abteilung, müssen es nicht unbedingt dicke Sahnetorten sein. Kleinere Gebäckstücke wie Cookies, Muffins, Brownies oder Schnecken, die man ganz unkompliziert aus der Hand essen kann, kommen bei Jugendlichen gut an und lassen sich in einer lockeren Gemeinschaftsaktion auch sehr gut gemeinsam backen.

Oder wie wäre es mit etwas Süßem zum Löffeln? Bewährte Köstlichkeiten wie eine luxuriöse Schokocreme, ein ganz schneller Reispudding und ein superleckeres Blitzeis warten schon. Viel Spaß!

Chocolate-Chip-Cookies

*120 g weiche Butter
oder Margarine
150 g Vollrohrzucker
1 Päckchen Vanillezucker
½ TL Salz
1 Ei
150 g Weizenvollkornmehl
½ TL Weinstein-
backpulver
1 TL Backnatron
60 g Walnüsse,
grob gehackt
175 g »Schokoladen-
tropfen« zum Backen*

○ Butter oder Margarine mit Zucker, Vanillezucker, Salz und Ei cremig rühren.

○ Mehl mit Backpulver und Backnatron
mischen und unterrühren. Zuletzt mit
einem großen Löffel vorsichtig die Nüsse
und die Schokoladentropfen unterziehen.

○ Teig mit zwei Teelöffeln als kleine Häuf-
chen mit viel Abstand auf ein mit Backpapier ausgelegtes Backblech setzen und bei
180 bis 200 °C etwa 12 Minuten backen, bis
die Cookies schön gebräunt sind.

○ Einige Minuten im offenen Ofen, danach
auf einem Küchenrost langsam auskühlen
lassen.

»Statt Walnüssen
zur Abwechslung ruhig mal
Pekannüsse in den Teig rühren,
dann schmecken die Cookies wie das
amerikanische Original!« (Lewis)

Blaubeermuffins

○ Drei Teelöffel Zucker beiseite stellen. Restlichen Zucker mit der Butter oder Margarine schaumig rühren, Eier unterrühren.

○ Mehl, Backpulver und Salz mischen und abwechselnd mit Milch oder Sojadrink in den Teig rühren.

○ Zuletzt die Blaubeeren und die Orangenschale unterziehen.

○ Den Teig in Muffinförmchen geben und mit dem beiseite gestellten Zucker bestreuen.

○ Bei 180 °C etwa 25 bis 30 Minuten backen. Anschließend die Ofentür leicht öffnen und die Muffins langsam abkühlen lassen.

Für 16 Muffins:
80 g Vollrohrzucker
100 g weiche Butter
oder Margarine
2 Eier
250 g Weizenvollkornmehl
2 TL Weinsteinbackpulver
½ TL Salz
120 ml Milch
oder Sojadrink
250 g Blaubeeren
1 TL abgeriebene
Orangenschale

Brownies

*1 kleinerer Apfel, geschält,
   entkernt und geviertelt*
etwas Wasser
1 TL Sonnenblumenöl
150 g Vollrohrzucker
400 g Seidentofu
200 g Weizenvollkornmehl
*2 gehäufte TL Weinstein-
   backpulver*
50 g Kakaopulver
½ TL Zimt, gemahlen
1 TL Vanille, gemahlen
Fett für die Form
2 EL Walnüsse, gehackt

○ Apfelschnitze in wenig Wasser im geschlossenen Topf etwa 10 Minuten dünsten, abgießen und durch ein Sieb streichen.

○ Mit Öl, Zucker und Tofu in der Küchenmaschine zu einer Creme verarbeiten.

○ Mehl mit Backpulver, Kakao und Gewürzen vermischen und nach und nach unterrühren.

○ Den Teig in eine große, flache, gut eingefettete Auflaufform geben und glatt streichen.

○ Mit den Walnüssen bestreuen und bei 180 °C etwa 20 bis 25 Minuten backen.

○ Die Brownies nach dem Abkühlen in Vierecke schneiden und diese vorsichtig aus der Form heben.

Tipp:
Die Brownies lösen sich leichter, wenn zuerst passend zurechtgeschnittenes Pergamentpapier in die gefettete Form gelegt und ebenfalls eingefettet wird. Nach dem Abkühlen lässt sich dann der ganze Kuchen aus der Form heben.

Luisas Zimtschnecken

○ Die Hälfte der Butter oder Margarine mit einem Esslöffel Zucker verrühren, Ei, Salz und Puddingpulver zugeben und gut verquirlen.

○ Mehl und Trockenhefe mischen und abwechselnd mit der Milch oder dem Sojadrink unter den Teig kneten. Schüssel mit einem Tuch abdecken, den Teig an einem warmen Ort etwa 1 Stunde gehen lassen und anschließend noch einmal kräftig durchkneten.

○ Den Teig auf einer bemehlten Arbeitsfläche zu einem großen Rechteck ausrollen und mit den restlichen 50 Gramm Butter oder Margarine bestreichen.

○ Zimt mit dem restlichen Zucker vermischen und gemeinsam mit den Nüssen auf die Teigplatte streuen.

○ Die Teigplatte von der längeren Seite her aufrollen. Mit einem sehr scharfen Messer von der Rolle etwa 2 cm dicke Scheiben abschneiden und mit der Schnittseite nach oben auf ein gut gefettetes Backblech legen (dabei unbedingt 2 cm Abstand lassen). Mit einem Tuch abdecken, erneut an einem warmen Ort etwa 1 Stunde gehen lassen.

○ Die Zimtschnecken bei 180 °C etwa 20 Minuten backen.

100 g weiche Butter
oder Margarine
80 g Vollrohrzucker
1 Ei
½ TL Salz
1 Päckchen Vanille-
puddingpulver
500 g Weizenvollkornmehl
1 Päckchen Trockenhefe
300 ml lauwarme Milch
oder Sojadrink
Mehl für die Arbeitsfläche
2 TL Zimt, gemahlen
100 g Walnüsse, gehackt
Fett für das Blech

»Wenn ich früh genug aufwache, mache ich die Zimtschnecken manchmal als Überraschung zum Sonntagsfrühstück. Ein Gedicht!« (Luisa)

Luxuriöse Schokocreme

Etwas für echte »Schokoholics«!

200 g dunkle Schokolade
200 g Seidentofu
2 EL Mandelstifte

○ Schokolade in einem kleinen Topf vorsichtig über einem heißen Wasserbad schmelzen. (Sehr gut gelingt das z. B. mit einem Simmertopf.)

○ Mit einem Schneebesen Seidentofu unter die Schokolade ziehen. Die Creme mit den Mandelstiften bestreuen.

○ Schmeckt warm oder auch abgekühlt.

Süße Schichten

Eine schöne Leckerei, die in kleinen Gläsern oder Glasschüsseln am besten zur Geltung kommt.

500 g Vanillejoghurt
oder Vanille-
Sojajoghurt
100 g Knuspermüsli, fertig
oder selbst gemacht
(Rezept Seite 162)
250 g Himbeeren,
Blaubeeren
oder Erdbeeren
1 Zweig Minze
oder Zitronenmelisse

○ Ein Drittel des Joghurts oder Sojajoghurts auf vier Gläser verteilen.

○ Die Hälfte des Knuspermüslis auf den Joghurt in den Gläsern streuen und darauf die Hälfte der Beeren verteilen (einige Beeren beiseite legen).

○ Dieselbe Reihenfolge noch einmal wiederholen.

○ Die Beeren mit dem letzten Drittel des Joghurts bestreichen.

○ Mit den restlichen Beeren und mit Minze- oder Melisseblättchen verzieren.

»Bei den Schichten experimentiere ich immer mal wieder gerne, nehme einen Fruchtjoghurt, ein Beerenmüsli, zerkrümele Kekse oder denke mir Gewürze an Stelle der Kräuter aus.« (Lara)

Energiebällchen

○ Datteln mit wenig heißem Wasser im Mixer oder mit dem Pürierstab pürieren.

○ Dattelmus mit den Mandeln verkneten. Mit nassen Händen zu kleinen Bällchen formen und diese rundherum im Sesam wälzen.

200 g Datteln, entsteint
etwas heißes Wasser
120 g Mandeln, gemahlen
30 g Sesamsamen

Tipp:
Nette Nascherei
für die Partyrunde,
aber auch als kleine
Überraschung in
der Schuldose.

Lillis Blitzeis

Ein schnelleres Eis gibt es nicht! So einfach, so lecker – einfach mal probieren!

○ Sahne oder Sojasahne steif schlagen. Zusammen mit den anderen Zutaten in einen Mixbecher geben und 15 Minuten ruhen lassen.

○ Mit dem Mixer auf höchster Schaltstufe verrühren und eventuell mit etwas zusätzlichem Zucker abschmecken.

○ Das Eis in Gläser füllen und sofort servieren.

125 ml Sahne oder
aufschlagbare Sojasahne
300 g tiefgekühlte Früchte
(z. B. Erdbeeren,
Himbeeren,
Johannisbeeren)
125 ml Milch
oder Sojadrink
1 TL Vollrohrzucker

Was Teenager brauchen
(und Eltern wissen wollen)

Damit Jugendliche gesund bleiben und sich gut entwickeln können, brauchen sie eine »bedarfsdeckende« Ernährung. Eine solche »Bedarfsdeckung« gibt es immer dann, wenn sich Nährstoff*bedarf* und Nährstoff*aufnahme* die Waage halten. Wer sich Pi mal Daumen an die vegetarische Ernährungspyramide (siehe Seite 23) hält, hat damit kein Problem, denn die Waage pendelt sich dann ganz von alleine ein. Kalorien zählen oder Nährstoffe zusammenzählen, das war gestern!

Genau darin besteht ja der enorme Vorteil der vegetarischen Ernährungspyramide, die auf unzähligen wissenschaftlichen Studien beruht und von den Ernährungswissenschaftlern Prof. Dr. Claus Leitzmann von der Universität Gießen und Dr. Markus Keller vom Institut für alternative und nachhaltige Ernährung (IFANE) in Zusammenarbeit mit dem Vegetarierbund Deutschland e.V. (VEBU) entwickelt wurde. Es ist eine gute Idee, die Pyramide in der Küche oder einem anderen geeigneten Ort an die Wand zu heften, sodass sie allen Familienmitgliedern zur Orientierung dienen kann. (Aus diesem Buch kopieren oder in sehr schöner, farbiger Aufmachung im DIN-A2-Format direkt beim VEBU bestellen; Adresse siehe Seite 192.)

All die vielen Studien zur Energie- und Nährstoffversorgung vegetarisch lebender Menschen, die in den letzten Jahrzehnten auf der ganzen Welt durchgeführt wurden, haben Prof. Dr. Claus Leitzmann und Dr. Markus Keller in ihrem umfangreichen Standardwerk »Vegetarische Ernährung« ausgewertet und wie folgt zusammengefasst: »Die Wissenschaft konnte in einer Vielzahl von teilweise groß angelegten Studien überzeugend nachweisen, dass eine gut zusammengestellte vegetarische Ernährung eine optimale Nährstoffversorgung in allen Lebensabschnitten sichert.«

Ja, die Studien zeigen sogar, dass die vegetarische Kost günstiger zu bewerten ist als eine Fleisch enthaltende Mischkost, weil sie nicht nur als »bedarfsdeckend«, sondern auch als »gesundheitsfördernd« gelten kann. Als besonders günstig erwies sich eine vegetarische Vollwertkost, die gering verarbeitete Lebensmittel bevorzugt und hauptsächlich aus Gemüse, Obst, Vollkornprodukten, Kartoffeln und Hülsenfrüchten sowie in Maßen auch Milch, Milchprodukten und Eiern besteht – also genau die Ernährung, die uns die Pyramide nahelegt.

Die gesundheitlichen Pluspunkte der vegetarischen Ernährung liegen angesichts der heutigen Erkenntnislage auf der Hand: »So wurde inzwischen auch von der etablierten Medizin erkannt, dass eine vegetarische Ernährung in erheblichem Maße dazu beitragen kann, ernährungsassoziierten Erkrankungen vorzubeugen.

> »Mein Hauptgrund für die vegetarische Ernährung ist heute, dass ich Tiere und Menschen in ihrem Recht auf Leben und Würde gleichsetze. Ich esse keine Menschen, also esse ich auch keine Tiere. Ich will nicht für den Tod von Tieren oder Menschen verantwortlich sein, also esse ich sie nicht.« (Karo)

Diese Erkenntnisse haben mittlerweile dazu geführt, dass eine ausgewogene lakto-(ovo-)vegetarische Ernährung aus gesundheitsprophylaktischen Gründen ausdrücklich empfohlen werden kann.«

Gute Lebensmittel

Warum nicht bloß vegetarisch essen, sondern auch noch vollwertig, also mit möglichst vielen »echten«, gering verarbeiteten Lebensmitteln?

Weil die einzelnen Nährstoffe nicht isoliert, sondern am besten in ihrer natürlichen Umgebung ihre Wirkung entfalten. Außerdem wird durch die Vielfalt an Nährstoffen in ein und demselben natürlichen Nahrungsmittel quasi automatisch einer einseitigen Ernährung mit all ihren negativen Folgen und Mangelerscheinungen entgegengewirkt.

Nehmen wir zum Beispiel den Zucker, der in vielen Früchten und Gemüsen vorkommt, besonders natürlich im Zuckerrohr und in der Zuckerrübe. Erst die Raffinadetechniken machen es möglich, ihn zu isolieren und als Süßungsmittel ohne jeden weiteren Nährstoffgehalt in großen Mengen anzubieten. Das Gleiche gilt für Fett, das reichlich in Samen und Nüssen oder Gemüsearten wie der Avocado zu finden ist. Wer ein Schälchen Studentenfutter – ein vollwertiges Lebensmittel! – knabbert, isst etwas Süßes und nimmt Zucker und Fett zu sich. Gleichzeitig bekommt er aber auch viele wertvolle Vitamine und Mineralstoffe und hat ein ganz anderes Gefühl der Sättigung und Zufriedenheit als jemand, der einfach irgendeine zuckrige Süßigkeit in sich hineingestopft hat.

> »Vegetarisch zu essen heißt ja nicht bloß, die Salami von der Pizza zu nehmen. Fast automatisch isst man viel mehr Gemüse. Seitdem ich Vegetarier bin, habe ich ganz viele ›neue‹ Gemüsesorten entdeckt.« (Tim)

Ein wichtiges Prinzip der vegetarischen Vollwerternährung besteht folglich darin, Nahrungsmittel möglichst in ihrer ursprünglichen, natürlichen Form zu sich zu nehmen, helles Mehl und weißen Zucker eher zu meiden, Getreideerzeugnisse (Brot und andere Backwaren, Getreideflocken, Nudeln u. Ä.) aus dem ganzen Getreidekorn zu verwenden und viel rohes Obst und Gemüse zu essen.

Vorsprung durch Gemüse

Gerade daraus ergeben sich viele der gesundheitlichen Vorteile. Die von Leitzmann und Keller ausgewerteten Studien ergaben unter anderem, dass Vegetarierinnen und Vegetarier seltener Übergewicht haben als »Normalesser«. Der Kohlenhydratanteil in ihrer Nahrung ist günstiger und auch die Fettzufuhr ist niedriger und qualitativ besser, da sie weniger Cholesterin und mehr ungesättigte Fettsäuren zu sich nehmen. Aus diesem Grund liegen auch die Blutfettwerte von Vegetarierinnen und Vegetariern im Allgemeinen in einem gesundheitlich günstigeren Bereich.

Aufgrund der höheren Ballaststoffzufuhr treten Darmerkrankungen bei Vegetarierinnen und Vegetariern seltener auf. Auch die sekundären Pflanzenstoffe, die sie in größeren Mengen aufnehmen als die Durchschnittsbevölkerung, scheinen dafür verantwortlich zu sein, dass viele Erkrankungen bei ihnen weniger häufig vorkommen. So haben sie seltener Diabetes mellitus, leiden nicht so oft an koronaren Herzerkrankungen und haben weniger häufig Bluthochdruck. Auch das Risiko, an bestimmten Krebsarten zu erkranken, ist bei ihnen deutlich geringer. Außerdem haben sie nachweisbar eine höhere Lebenserwartung.

Der hohe Anteil pflanzlicher Lebensmittel führt zu einer optimalen Versorgung mit all den Nährstoffen, die in Pflanzen besonders oft vorkommen, darunter Vitamin B_1, Vitamin B_6, Vitamin C und Folsäure.

Geringer als beim Bundesdurchschnitt ist dagegen die Aufnahme von Vitaminen, die überwiegend aus tierischen Lebensmitteln stammen: Vitamin B_2, B_{12} und D, wobei dies ausschließlich für Vitamin B_{12} kritisch sein kann. Ausreichend mit Vitamin B_{12} versorgt sind in der Regel jedoch alle, die mindestens 380 Gramm Milch und Milchprodukte pro Tag sowie ein Ei pro Woche verzehren. Veganerinnen und Veganer, die zusätzlich weder Milch noch Eier zu sich nehmen, sollten ihren Vitamin-B_{12}-Status ärztlich kontrollieren lassen und regelmäßig Vitamin-B_{12}-Präparate zu sich nehmen. Es gibt auch mit Vitamin B_{12} angereicherte Lebensmittel (Sojadrink, Säfte) und inzwischen sogar eine Zahnpasta.

Wie bei der Allgemeinbevölkerung, kann auch bei vegetarisch und vegan lebenden Menschen eine Nahrungsergänzung mit Vitamin D sinnvoll sein, besonders in den sonnenarmen Wintermonaten (bitte dazu ärztlich beraten lassen).

Zu der von den Kritikern der vegetarischen Ernährung besonders gern ins Feld geführten Eisenversorgung ergab die Auswertung der internationalen Studien, dass vegetarische lebende Menschen zwar einerseits mindestens genauso viel Eisen aufnehmen, ihre Eisenwerte sich aber andererseits häufig in der unteren Hälfte des Normbereichs bewegen. Bei immer mehr Fachleuten regt sich allerdings der Verdacht, dass die derzeitigen Eisen-Normwerte zu hoch angesetzt sind.

»Die Eisenspeicher von Vegetariern befinden sich meist in der unteren Hälfte des Normbereichs, was im Hinblick auf verschiedene chronische Erkrankungen günstig ist«, erklären Leitzmann und Keller. Dennoch sollte der Eisenstatus immer wieder einmal ärztlich kontrolliert werden – auch bei Menschen, die nicht vegetarisch leben.

Alles in allem hat die lakto-ovo-vegetarische Kost also im Normalfall gegenüber einer fleischhaltigen Mischkost viele Vorteile. Wie aber sieht es in dem »Ausnahmezustand« aus, den die Pubertät wegen des großen Mehrbedarfs an Nährstoffen nun einmal darstellt?

Power für die Pubertät

Leitzmann und Keller haben sich in ihrer umfassenden Auswertung wissenschaftlicher Studien auch dieser Frage gewidmet. Schließlich geht die Pubertät mit großen Wachstumsschüben einher. Während solcher Schübe kann der Bedarf an Energie und Nährstoffen enorm ansteigen. (Bei Mädchen liegt der stärkste Wachstumsschub zwischen dem 10. und 13., bei Jungen zwischen dem 12. und 15. Lebensjahr. Aber auch davor oder danach können sie kräftig in die Höhe schießen.)

Bei zwei Nährstoffen ist der Bedarf in diesen Zeiten ganz besonders hoch: beim Kalzium und beim Eisen. Viel Kalzium ist notwendig, weil die Knochen während der Pubertät enorm in die Länge und Breite wachsen und Kalzium der wichtigste Knochenbaustein ist. Eisen brauchen alle Jugendlichen, denn mit dem raschen Wachstum steigt auch das Blutvolumen. Bei Mädchen wächst der Eisenbedarf mit dem Einsetzen der Menstruation und dem damit verbundenen Blutverlust noch einmal weiter an.

Wie sich dieser Bedarf auch mit einer vegetarischen Ernährung decken lässt, wird ab Seite 181 beschrieben.

Dass vegetarische Jugendliche bei der Versorgung mit lebenswichtigen Nährstoffen besonders gut abschneiden, zeigt zum Beispiel eine von Leitzmann und Keller zitierte Studie über 11- bis 18-jährige Schüler in den USA: Vegetarierinnen und Vegetarier setzten die Empfehlungen für eine ausgewogene Ernährung am ehesten um und hatten am häufigsten ein gesundes Gewicht. Besonders interessant ist die daraus gezogenen Folgerung: »Die Autoren der Studie kommen zu dem Schluss, dass vegetarische Ernährungsmuster bei Jugendlichen nicht als Problemphase oder Modeerscheinung gesehen werden sollten, sondern als gesundheitsfördernde Alternative zur derzeitigen fleischbasierten US-amerikanischen Durchschnittskost.«

Nach der Durchsicht weiterer Studien folgern Leitzmann und Keller: »Der höhere Nährstoffbedarf Jugendlicher kann durch vegetarische Kost leicht gedeckt werden, da während der pubertären Wachstumsphase meist viel gegessen wird. Andererseits ist das Risiko von Übergewicht bei einer vegetarischen Kost geringer, ein wichtiger Grund besonders für Mädchen, sich für diese Kostform zu entscheiden.«

»Wenn die Erwachsenen von Nährstoffen reden, vergeht mir schon der Appetit. Mir hat mal jemand gesagt: ›Iss immer genug, dass du satt wirst, iss möglichst viele verschiedene Sachen und iss wenig Fast Food und Süßigkeiten, dann machst du alles richtig.‹ Daran halte ich mich.«

(Luke)

Ganz viel Kalzium

Kalzium wird vor allem für die Bildung von Knochen und Zähnen gebraucht. Weil Jugendliche so stark wachsen, ist ihr Bedarf an Kalzium stark erhöht, denn schließlich muss sich viel neue Knochenmasse bilden.

Als Hauptlieferant gelten Milch- und Milchprodukte, die reichlich Kalzium in leicht verwertbarer Form enthalten. Wer nicht so gern Milch trinkt oder keine Milchprodukte verträgt, kann auf Sojadrink oder Sojajoghurt mit Kalzium zurückgreifen. (Beim Kauf unbedingt darauf achten, dass es sich um die mit Kalzium angereicherte Variante handelt!)

Weitere Kalziumquellen sind Hart- und Schnittkäse. Von allen Käsesorten enthält Parmesan am meisten Kalzium. Quark und Sauermilchkäse wie Harzer und Handkäse sind weniger ergiebig, weil ein Großteil des Kalziums bei der Herstellung in die Molke übergeht.

Bei den pflanzlichen Lebensmitteln sind getrocknete Feigen, Datteln, Nüsse, Grünkohl, Spinat, Mangold und andere grüne Blattgemüse, Brokkoli, Sojabohnen und andere Hülsenfrüchte, frischer Möhrensaft, Sonnenblumenkerne, Meeres-Algen, Sesamsamen und Tahin (Sesammus) empfehlenswert.

Auch Tofu kann eine gute Kalziumquelle sein, vor allem, wenn er mit Kalziumsulfat hergestellt wurde. (Es lohnt sich, die Zutatenliste zu studieren).

Schließlich können kalziumreiche Mineralwässer (über 200 mg pro Liter) zu einer guten Kalziumversorgung beitragen. Beim nächsten Einkauf deshalb daran denken, auf den Etiketten der zur Auswahl stehenden Mineralwässer das Kleingedruckte zu lesen. Ein kalziumreiches Wasser sollte in jedem Fall zum täglichen Trinkprogramm junger Menschen zählen.

Und ganz viel Eisen

Über kaum ein anderes Thema wird im Zusammenhang mit der vegetarischen Ernährung so viel diskutiert wie über das Eisen. Dabei ist eine ausreichende Versorgung mit Eisen keinesfalls nur ein Problem vegetarisch lebender Menschen. Eisenmangel gilt als der am weitesten verbreitete Nährstoffmangel weltweit. Die derzeit geltenden Normwerte vorausgesetzt, leiden etwa 20 Prozent der Bevölkerung an Eisenmangel! Wegen der Blutverluste durch die Menstruation wird er bei Mädchen und Frauen besonders häufig festgestellt.

Ermittelt wird dabei der Hb-(Hämoglobin-)Wert im Blut. Hämoglobin ist der Farbstoff der Blutkörperchen, bestehend aus dem Eiweiß Globin und dem roten Hämeisen. Es wird gemessen, wie viel Gramm Hämoglobin sich in 100 ml Blut befinden. (Wer wirklich sichergehen will, sollte lieber den Ferritinspiegel messen lassen. Ferritin ist eine Speicherform des Eisens, dessen Gehalt im Blutserum wesentlich aussagekräftiger ist als der Hb-Wert.)

Eisen ist deshalb so wichtig, weil es den Sauerstofftransport mit Hilfe der roten Blutkörperchen ermöglicht. Bei einem echten Eisenmangel kommt es zu Beeinträchtigungen des sauerstoffabhängigen Stoffwechsels, es gibt zu wenige rote Blutkörperchen oder zu wenig Hämoglobin im Blut. Erste Anzeichen sind Erschöpfung, Kopfschmerzen und Abgeschlagenheit.

»Am Anfang hat sich mein Vater Sorgen gemacht, dass ich nicht genug Eisen bekomme, wenn ich kein Fleisch mehr esse. Dann bin ich zum Arzt gegangen und der meinte, dass sei kein Problem, ich sollte nur auf meine Ernährung achten, in dem ich eisenhaltiges Gemüse esse. Seitdem kocht meine Mutter außerdem auch mehr mit Soja.« (Sarah)

Warum aber wird hauptsächlich bei Vegetarierinnen und Vegetariern immer gleich ein Eisenmangel befürchtet? Schließlich gibt es pflanzliche Lebensmittel wie Ölsamen, Getreide, Hülsenfrüchte und grüne Blattgemüse, die sogar mehr Eisen enthalten als Fleisch. Das Problem liegt darin, dass nicht das gesamte Eisen, das dem Körper zugeführt wird, von ihm auch aufgenommen wird. Es kommt immer darauf an, in welcher Form das Eisen in den jeweiligen Nahrungsmitteln vorliegt. Und der Ursprung bestimmt mit über die Verwertbarkeit.

Unbestritten ist, dass das Eisen in Nahrungsmitteln tierischen Ursprungs für den Körper leichter verfügbar ist. Man nimmt an, dass der Körper bei einer gemischten Kost rund zehn Prozent des in der Nahrung enthaltenen Eisens aufnimmt. Beim Eisen aus Fleisch und Fleischprodukten (»Hämeisen«) liegt die Rate bei etwa 20 Prozent, bei Eisen aus pflanzlichen Nahrungsmitteln bei nur drei bis acht Prozent.

Aber nicht nur die Verwertbarkeit ist für die tatsächliche Aufnahme von Eisen ausschlaggebend. Sie hängt auch von der Anwesenheit aufnahmefördernder und -hemmender Faktoren ab, wobei das Eisen tierischer Herkunft weniger von solchen Faktoren beeinflusst wird. Mit anderen Worten: Vegetarierinnen und Vegetarier müssen stärker darauf achten, womit sie eisenhaltige Lebensmittel kombinieren.

Drei eiserne Regeln

Wie wir gesehen haben, gibt es jede Menge pflanzliche Eisenquellen, aber auch einige Faktoren, die das wirkungsvolle Anzapfen dieser Quellen fördern oder hemmen. Deshalb gibt es drei ganz einfache »eiserne Regeln«, die man sich tunlichst einprägen und täglich anwenden soll. Werden sie einigermaßen konsequent befolgt, braucht die Eisenversorgung kein Grund zur Sorge zu sein.

Eiserne Regel Nummer 1: Möglichst oft Lebensmittel wählen, die viel Eisen enthalten.

Lebensmittel, die viel Eisen enthalten, sind alle dunklen Gemüsearten wie Spinat, Mangold, Brokkoli, Rote Bete und Feldsalat. Auch Hülsenfrüchte wie Linsen, Erbsen, Kidneybohnen und Sojabohnen sind gute Eisen-Quellen. Von allen Körnern haben Hirse, Quinoa und Amarant den höchsten Eisengehalt. Auch Trockenfrüchte sind wichtige Eisenlieferanten, vor allem Aprikosen, Feigen, Datteln, Pflaumen und Rosinen. Pistazienkerne, Sonnenblumenkerne, Kürbiskerne und Sesamsamen sind ebenfalls eisenreich. Wer rote Säfte wie Trauben- oder Beerensaft trinkt, tut ebenfalls etwas für seine Eisenversorgung. Ja, selbst der Süßhunger kann zu einer Extraportion Eisen verhelfen: Soll es unbedingt etwas Süßes sein, reichlich Apfelkraut oder Zuckerrübensirup aufs Brot streichen oder eine Handvoll Rosinen oder Lakritz naschen.

Eiserne Regel Nummer 2: dazu Vitamin C.

Die Aufnahme des aus pflanzlichen Nahrungsmitteln stammenden Eisens lässt sich durch Vitamin C bis zum Siebenfachen steigern, denn Vitamin C kann das dreiwertige Eisen (Fe^{3+}) der pflanzlichen Lebensmittel in zweiwertiges Hämeisen (Fe^{2+}) verwandeln.

Deshalb zum Essen verdünnten Orangen-, roten Trauben- oder Beerensaft trinken, Paprika in den Salat oder ein Vollkornreis-Gericht schneiden, Sanddorn in die Salatsauce und ins Müsli rühren, ein Haferflocken-Müsli mit Kiwis garnieren, Zitrusfrüchte, schwarze Johannisbeeren oder Erdbeeren für den Nachtisch verwenden … Der Fantasie sind keine Grenzen gesetzt!

Eiserne Regel Nummer 3: Alles meiden, was die Eisenaufnahme hemmt.

Zu den Stoffen, die die Aufnahme von Eisen hemmen, gehört die Oxalsäure, die in Rhabarber vorkommt, aber auch in geringeren Mengen in Mangold und Spinat. Diese grünen Blattgemüse sind dennoch empfehlenswert, sollten aber nicht das ausschließliche Gemüse sein. Die Mischung macht's.

Auch die Gerbstoffe im schwarzen Tee und das Kalzium in der Milch wirken sich auf die Eisenaufnahme ungünstig aus. Deshalb Tee und Milch besser nicht zum Essen trinken.

»Von meiner Tante weiß ich, dass es Sachen gibt, die Eisen UND Vitamin C enthalten, zum Beispiel Trockenfrüchte, Rote Bete und roter Traubensaft. Und Hirse zum Beispiel hat außer Eisen noch ganz viel Kieselsäure, die ist gut für schöne Haut, Haare, Nägel und Zähne – die reinste Beautyfarm!« (Lana)

Was Eltern tun können

Offen sein

Zum Erwachsenwerden gehört dazu, dass Jugendliche ihre Rolle in der Familie und das Verhältnis zu ihren Eltern neu austarieren. »Große Worte gelassen ausgesprochen«, werden manche sagen. Aber es ist nun einmal eine Tatsache: Alle Eltern müssen lernen damit umzugehen, dass ihre Teenager einen eigenen Kopf entwickeln und damit Veränderungen in die Familie tragen. Dazu gehört auch das Thema Ernährung. Wir können damit hadern und uns mit aller Kraft dagegenstemmen. Oder wir können versuchen, diese Energie positiv zu nutzen, als neuen Schwung willkommen zu heißen und schließlich in gute Bahnen zu lenken.

Immerhin können auch die Eltern durch einen vegetarischen Teenager viel lernen und dazugewinnen – an neuen Geschmackserlebnissen, neuen Kocherfahrungen und neuem Wissen in puncto Ernährung. Oft genug sind die Essgewohnheiten in den Familien eingefahren und vielleicht auch nicht gerade optimal. Das Einstellen auf ein vegetarisches Familienmitglied bringt frischen Wind in die heimische Küche.

Vegetarische Kochbücher, vielleicht ein gemeinsam besuchter Kochkurs und viel Experimentierfreude beleben das tägliche Familiengeschäft. Das kann Spaß machen und bisher unbekannte Türen öffnen. Spannende Erfahrungen warten hinter jeder noch nicht überschrittenen Schwelle!

Alltagskompetenz stärken

Erzogen werden wollen Teenager nicht mehr so wirklich. Trotzdem können sie in dieser Zeit noch viel lernen, was sie später zur Bewältigung des eigenen Alltags brauchen. Dazu gehört natürlich auch das Kochen. Werden Gerichte zubereitet, die sie selbst gern mögen, und wird auf ihre Vorlieben und Entscheidungen (z. B. vegetarisch zu leben) positiv eingegangen, haben sie gleich viel mehr Lust, selbst zum Kochlöffel zu greifen – allein, mit den Eltern oder mit den Freundinnen und Freunden.

Rezepte anschauen, sich für Gerichte entscheiden, die nötigen Lebensmittel einkaufen, die Zutaten vorbereiten – bei all diesen Tätigkeiten lässt sich ganz nebenbei praktisches Know-how vermitteln. Jetzt aber bitte keine nervigen Dauervorträge halten oder besserwisserisch herumschwadronieren. »Komm, ich zeig dir mal kurz was«, ist die beste Einleitung. Positive Erlebnisse sind viel wirksamer als ein erhobener Zeigefinger. Immer getreu der bewährten Familiendevise: »Besser locker vom Hocker als hektisch vom Ecktisch!«

Doch nicht nur das Kochen kann Gegenstand des Lernens sein. Eltern können ihren Kindern auch vermitteln, wie man am besten (und gesündesten!) isst – nämlich ungestört, in netter Gesellschaft, im offenen Gespräch und ohne andere Nebenbeschäftigung. Vor allem sollten sie darauf hinwirken, dass beim Essen nicht telefoniert, gesimst oder ferngesehen wird. Auf diese Weise wird es ihnen auch leichter fallen, die gemeinsame Familienmahlzeit als Institution möglichst lange beizubehalten. Auch wenn die Jugendlichen mit steigendem Alter daran nur noch freiwillig und sporadisch teilnehmen werden, bildet sie doch einen festen und bei Bedarf immer wieder gern genutzten Ankerplatz im Familienleben.

An gemeinsamen Familienmahlzeiten festhalten

Im Hinblick auf die Mahlzeiten hat sich in den letzten Jahrzehnten in unserer Gesellschaft unheimlich viel verändert. In meiner Kindheit wäre es undenkbar gewesen, zwischendurch zum Kühlschrank zu gehen und eben mal etwas zu snacken. »Das ist doch hier kein Selbstbedienungsladen«, hätten meine Eltern empört gesagt. Bei uns zu Hause – und in so gut wie allen Familien um uns herum – gab es drei (mit Nachmittagskaffee vier) gemeinsame Mahlzeiten, zu denen gegessen wurde, »was auf

den Tisch kam«. Dieses enge Korsett wurde zum Glück überwunden, individuelle Wünsche haben viel mehr Raum bekommen und die Mahlzeiten werden immer flexibler gehandhabt. Das ist auf jeden Fall gut so.

Trotzdem kann die gemeinsame Mahlzeit am Tag als eine der letzten Bastionen der Familie angesehen werden und meiner Meinung nach lohnt es sich, sie zu verteidigen. Schließlich setzt man sich nicht nur gemeinsam an den Tisch, weil man Hunger hat, sondern auch, weil man zusammen sein und zwanglos miteinander reden, sich austauschen will. Genau das ist ja auch der Unterschied zwischen dem bloßen Essen und einer Mahlzeit: Die Mahlzeit ist eine soziale Institution und die soziale Aufgabe der Institution Mahlzeit ist es, Gemeinschaft zu stiften. »Wer zusammen isst, lebt gesünder«, lautet die Schlussfolgerung einer neueren US-amerikanischen Studie. Bei Kindern aus Familien, die häufiger gemeinsam essen, wurden nicht nur günstigere Gesundheitswerte gemessen. Die gemeinsame Familienmahlzeit, so die US-Forscherinnen und -Forscher, leistet auch einen wichtigen Beitrag zur »psychosozialen Gesundheit von Jugendlichen«. Wenn das kein Grund ist, an ihr festzuhalten!

»Als ich meiner Familie sagte, ich wolle nun vegetarisch leben, wollten sie mich erst umstimmen. Zum Glück war der Widerstand meiner Eltern kurz und nicht besonders vehement. Meinen Eltern bin ich sehr dankbar für ihre Toleranz und Unterstützung. Ich kenne viele Jugendliche, die auf mehr Widerstand seitens ihrer Eltern trafen, als sie erklärten, sie würden vegetarisch leben wollen. Dies hat es für sie schwer oder unmöglich gemacht, ihren Wunsch durchzusetzen. Toleranz ist definitiv gefragt.

Die großelterliche Fürsorge war da schon weitreichender. Meine Oma erzählte mir, dass ich damit schon irgendwann aufhören würde. Das hätte meine Tante schließlich auch gemacht. Es würde ihr aber nichts ausmachen, für mich vegetarisch zu kochen. Außerdem würde sie selbst ja eh fast fleischlos leben. Die andere Oma und auch mein Opa guckten ein wenig besorgt, dann kam so etwas wie: ›Ach, Mädchen, muss das denn sein?‹

Dass Großeltern bei solchen Entscheidungen der Enkelkinder Sturm laufen, ist vermutlich fast normal und man muss es irgendwie aussitzen.« (Karo)

Das heutige Essverhalten in den Familien wird durch immer flexiblere Arbeitszeiten und längere Schulzeiten bestimmt. Alles wird viel individueller gehandhabt, jedes Familienmitglied isst, wann es will. Das gemeinsame Essen verliert zunehmend seinen festen Platz im Familienleben. Dem sollten Eltern entgegenwirken, indem sie zum Beispiel das Essen am Abend, wenn alle Familienmitglieder zu Hause sind, und das Frühstück am Wochenende, zum Beispiel am Samstagmorgen, zu Familienmahlzeiten erklären und damit zu Fixpunkten des Familienlebens machen. Denn wer sich gemeinsam um den Esstisch versammelt, hat die große Chance, von den anderen Familienmitgliedern etwas mitzukommen, zu erfahren, was in der Schule, bei der Arbeit, im Freundeskreis los ist und – mindestens ebenso wichtig – gemeinsam zu erzählen, zu lachen und Pläne zu schmieden.

Die meisten Jugendlichen schätzen diesen Austausch. Nur stört es sie, wenn sie sich bei bestimmten Gesprächsthemen zu stark kontrolliert fühlen, weil sie zum Beispiel ständig nach der Schule gefragt werden oder andere Streitpunkte zur Sprache kommen. Deshalb sollten Eltern Auseinandersetzungen nicht beim Essen suchen – das gibt nur Magenschmerzen! Und dazu gehört auch, dass die Eltern nicht über die »vegetarischen Sperenzien« ihrer Kinder meckern, sondern Interesse und Toleranz zeigen.

Beim gemeinsamen Essen sollte es freundlich und gemütlich zugehen. Unangenehme Fragen, Vorwürfe oder Beschimpfungen sollten nicht mit dem Essen verbunden werden. Für Problemgespräche bitte andere Zeiten vorsehen! Wichtig ist natürlich, dass die Eltern diese Zeiten konkret in Aussicht stellen oder die anstehenden Probleme tunlichst vor dem Essen klären. Konflikte stumm in sich »hineinzufressen« stellt ebenso wenig eine Lösung dar.

»Am Anfang wollte ich andere immer überzeugen. Ich spielte Ernährungspolizei und hielt ihnen Vorträge darüber, was sie alles Schreckliches auf dem Teller haben, wenn sie Fleisch essen. Natürlich wollte das keiner hören. Dann habe ich mir überlegt: Sie müssen von selbst drauf kommen. Jetzt bin ich einfach so, wie ich bin, und versuche, ein Beispiel zu setzen. Wenn sie irgendwann vielleicht selbst so weit sind, kann ich ihnen immer noch Ratschläge geben und sie unterstützen.« (Kathrin)

»Für mich ist es sehr wichtig, zusammen mit meiner Familie oder mit meinen Freunden zu essen. Natürlich esse ich inzwischen nicht mehr so oft mit meiner Familie, weil sich das durch Schulzeiten und Hobbys nicht mehr immer realisieren lässt. Ich finde das ziemlich schade und denke, dass es anderen Jugendlichen ähnlich geht. Selbstverständlich isst man auch mal gerne mit Freunden zusammen irgendwo Pizza oder Ähnliches. Ich denke aber, es ist den meisten Jugendlichen trotzdem auch sehr wichtig, regelmäßig mit der Familie zusammen zu essen. Ich merke es selbst, wenn ich nicht mehr so regelmäßig mit meinen Eltern esse, dass der Kontakt und das Verständnis abnimmt.« (Karo)

Mit steigendem Alter wird die Teilnahme an den Familienmahlzeiten für Jugendliche immer mehr zur freiwilligen Option. »Isst Du heute mit?«, wird zu der am häufigsten gestellten Frage. Wird sie als freundliche Einladung verstanden, gibt es leckeres Essen und geht es am Esstisch fröhlich und locker zu, ist die Chance, dass sie öfter positiv beantwortet wird, umso größer.

Gute Angebote machen

Kinder und Jugendliche bekommen heute bei der Lebensmittelauswahl ein immer größeres Mitspracherecht. Dennoch steuern Eltern im Wesentlichen noch immer, welches Angebot in puncto Essen in ihrem Haushalt gemacht wird. Schon die Entscheidung, was und wo eingekauft wird, hat großen Einfluss. Bei der Auswahl der Lebensmittel gilt es, gute Gewohnheiten zu schaffen.

Im Sinne einer gesunden vegetarischen Vollwerternährung ist es immer vorteilhaft, möglichst frisch, saisonal und regional einzukaufen. Wochenmärkte, Hofläden und Biogeschäfte sollten auf der Einkaufstour liegen, so oft es geht. Ist immer ein guter Grundvorrat an guten, vollwertigen Lebensmitteln vorhanden, ist die Gefahr, zu fettigen und süßen Verlegenheitslösungen zu greifen, sehr viel geringer. »Alles, was an Süßigkeiten und Chips gekauft wird, wird auch gegessen«, heißt eine grundlegende Lebenserfahrung. Deshalb in diesen Bereichen lieber maßhalten und viele, viele frische Alternativen ins Angebot nehmen!

Im Rezeptteil finden sich zahlreiche Beispiele dafür, wie sich trendige Snacks wie Popcorn, Chips und Pita-Ecken selbst herstellen lassen. Erfahrungsgemäß kommen dabei weniger Fett, Zucker und Salz zum Einsatz als bei den fertig gekauften Varianten, von Geschmacksverstärkern und Konservierungsmitteln ganz zu schweigen. Zum guten Angebot gehört auch die Bereitschaft, gemeinsam zu kochen und zu genießen. Eltern können die Botschaft vermitteln: Ein gutes Essen ist es wert, Zeit und Liebe zu investieren. Spaß und ungeahnte Gaumenfreuden sind ein schöner Lohn.

Dem Schlankheitswahn entgegenwirken

Die Welt, in der Teenager heute aufwachsen, ist eine Welt voller Widersprüche. Einerseits gibt es bei den Lebensmitteln in unserer Gesellschaft einen noch nie da gewesenen Überfluss. Andererseits wird mit Hilfe der Medien ein immer groteskere Formen annehmender Schlankheitswahn propagiert.

Besonders die jungen Mädchen angebotenen Rollenmodelle zeigen verheerende Wirkungen. Denken wir nur an die zu Weltstars hochstilisierten Supermodels und ihre diversen Castingshows. Schlankheit und Schönheit gelten als Schlüssel zum Glück. Beinahe überall sind wir von geschönten, unrealistischen Bildern umgeben. Das Gefühl, diesen Ansprüchen nicht genügen zu können, erzeugt bei immer mehr Menschen einen riesigen Druck. Übergewicht auf der einen und massive Essstörungen auf der anderen Seite sind die gefährlichen Folgen.

Die Kontrolle des eigenen Körpergewichts erleben Teenager in ihrem Umfeld als beherrschendes Thema. Überall um sie herum werden Kalorien gezählt und neue Diäten ausprobiert. Diät zu halten gilt als normal, ja von Mädchen scheint es manchmal geradezu erwartet zu werden. Wer darauf achtet, merkt staunend: Kaum ein Gespräch über das Essen, bei dem Mädchen und Frauen nicht mit restriktivem Essverhalten kokettieren. Ständig wird darüber geredet, wer gerade eine Diät macht oder machen will oder sich beim Essen die eine oder andere »Sünde« leisten kann. Die Unzufriedenheit mit der eigenen Figur scheint fast zum guten Ton zu gehören. Und auch Jungen achten zunehmend auf ihren Körper. Die Veränderungen in der Pubertät, das starke Längenwachstum, das veränderte Körpergewicht und die verschobenen Proportionen rufen auch bei ihnen verständlicherweise Verunsicherung hervor. Jugendliche können ihren sich entwickelnden Körper als Bedrohung empfinden. Weil sie sich an unerreichbaren Vorbildern orientieren, kann der unvermeidliche Unterschied zwischen dem eigenen Körpererleben und dem angestrebten Körperbild zu großen inneren Spannungen führen. Die Akzeptanz des eigenen Körpers wird dadurch gefährdet, Körperbildstörungen können entstehen. Besonders Mädchen können das Essen rasch als mögliche Gefährdung von Schlankheit und Schönheit empfinden. Ihre Zurückhaltung beim Essen kann zu einer schleichenden Unterversorgung mit lebenswichtigen Nährstoffen führen. Das natürliche Hunger- und Sättigungsgefühl geht verloren, der Körper mit seinen Bedürfnissen und Signalen wird nicht mehr wahrgenommen.

Der Einstieg in eine Essstörung führt so gut wie immer über ein kontrolliertes Essverhalten. Erschreckend die dazugehörigen Zahlen: Nach einer Umfrage der Bauer Media Group hatten 16 Prozent der Mädchen mit 11 Jahren schon mindestens einmal eine Diät gemacht. Bei den 14-Jährigen war es 42 Prozent und bei den 17-Jährigen schon ganze 49 Prozent. Bei den Jungen sind die Prozentzahlen geringer (8 bzw. 11 Prozent). Allerdings ist dies auch immerhin jeder zehnte Junge! Um ihre Figur zu optimieren, greifen Jungen darüber hinaus bevorzugt zu Nahrungsergänzungsmitteln (zum Beispiel Eiweißpräparaten) und treiben exzessiv Sport, um ihre Muskeln aufzubauen.

Den Weg weisen

Doch wie finden Jugendliche den richtigen Weg durch den Überangebotsdschungel mit all seinen widerstreitenden Ansprüchen und Versprechungen?

Auf unseren Instinkt jedenfalls können wir uns nicht verlassen. Die Zeit des Überflusses besteht ja noch nicht so lange und ist auch nur auf einen kleinen Teil des Globus, nämlich die reichen Industrienationen beschränkt. Noch bis vor wenigen Jahrzehnten – und in vielen Teilen der Welt bis heute – wurde und wird das Leben der Menschen von immer wiederkehrenden Hungerzeiten geprägt. Im Überlebenskampf hatten diejenigen die besten Chancen, die gerne süß und fettig aßen und sich dadurch die dicksten Reserven anfuttern konnten. Diese überlebenswichtige Erfahrung scheint zu unserem menschlichen Gen-Programm zu gehören. Sie steckt auch hinter dem Misserfolg der meisten Diäten: Der Körper schaltet auf ein Notprogramm um, verbraucht weniger Energie und legt bei nächster Gelegenheit Reserven für die nächste Notzeit an. In dieser schwierigen Gemengelage haben Teenager auf Veggiekurs eine wertvolle Verbündete: die vegetarische Vollwertkost. Sie macht viele Diäten schlichtweg überflüssig, weil sie hilft, ein gesundes Gewicht zu halten, ohne Lieblingsgerichte aufzugeben oder wie verrückt Sport zu treiben. Vegetarische Gerichte sind ganz von sich aus eher fettarm und gemüsereich. Sie liefen reichlich Ballaststoffe und komplexe Kohlenhydrate, die sich auf das Körpergewicht positiv auswirken. Gleichzeitig erhält der Körper andere wertvolle Nährstoffe, die zu einer gesunden Ernährung gehören. Im Laufe der Zeit kann sich so quasi »ganz von selbst« ein stabiles Körpergewicht einpendeln.

Für ein gesundes Essverhalten ist außerdem ein intaktes Wechselspiel von Hunger- und Sättigungsgefühl wesentlich. Eltern können viel dafür tun, um bei ihren Kindern diese natürlichen Impulse zu stärken. Sie können gemeinsam mit ihren Kindern lernen, wieder auf den eigenen Körper zu hören, nur zu essen, was sie wirklich mögen und worauf sie Hunger und Appetit haben, und einfach aufzuhören, wenn sie satt sind, auch wenn dabei etwas übrig bleibt. Das jedenfalls ist das Geheimnis der »natürlich Schlanken«, die die Ernährungswissenschaft von den »kontrolliert Schlanken« unterscheidet und die gegen die Anfechtungen des allgegenwärtigen Diätenterrors weitaus resistenter sind.

Ein positives Körpergefühl stärken

Eltern können auch gezielt das Selbstbewusstsein ihrer Teenager stärken. Zum Beispiel indem sie ganz bewusst jeden Tag nach einem Grund suchen, sie ausdrücklich zu loben, sich mit Mäkeln und Nörgeln zurückhalten und stattdessen lieber die positiven Seiten hervorheben und ihnen Mut machen. Eltern können sich außerdem vornehmen, mit anderen Menschen niemals negativ über ihre Teenager zu sprechen, wenn sie dabei sind, und dabei vor allem keine abfälligen Bemerkungen über eines ihrer Körpermerkmale zu machen. Aussagen wie »X hat so dicke Oberschenkel, es ist unmöglich, für sie eine passende Hose zu finden«, »Bei Ys großen Ohren sehen solche Mützen einfach albern aus« oder »Habt Ihr gesehen, Z hat in den letzten Monaten schon einen richtigen Atombusen bekommen?« sind nicht nur schlichtweg daneben – sie graben sich auch tief ins Gedächtnis der betroffenen Teenager ein. Sie fühlen sich zu Recht bloßgestellt und getroffen.

Vorbild sein

Durch ihre Vorbildfunktion können Eltern viel Gutes bewirken. Als Erstes sollten sie daher ihr eigenes Verhalten überprüfen. Sich von einer Diät zur anderen hangelnde Mütter sind verheerende Vorbilder für ihre Töchter. (Noch schlimmer wird es, wenn sie den Töchtern vorschlagen, gemeinsam Diät zu halten!) Wenn nicht sich selbst, dann ihren Teenagern zuliebe sollten Eltern locker lassen, den Kampf mit den Diäten beenden und lieber auf eine bewusste Ernährungsumstellung mit Langzeiteffekt setzen.

Eltern können außerdem einen natürlichen und positiven Umgang mit allem Körperlichem pflegen. Sie können ihren Kindern Freude und Einklang mit dem eigenen Körper vermitteln. Sie können ihnen zeigen, dass sie andere Menschen nicht nach ihrem Äußeren beurteilen. Und sie können versuchen, ihnen vorzuleben, dass man mit seinem Körper auch dann zufrieden sein kann, wenn er nicht den in den Medien propagierten Schönheitsidealen entspricht.

Sich im eigenen Körper wohl zu fühlen und mit vorbehaltlosem Genuss leckere Speisen zu essen, muss das Ziel sein. Es ist ein Ziel, das Eltern und ihre auf Veggiekurs befindlichen Teenager auf ganz wunderbare Weise miteinander verbinden kann.

Zum Weiterlesen und Informieren

Claus Leitzmann, Markus Keller: **Vegetarische Ernährung.**
Verlag Eugen Ulmer.

Vegetarierbund Deutschland e.V. (VEBU):
Vegetarische Ernährungspyramide als DIN-A2-Poster.
Kann bestellt werden bei:
Vegetarierbund Deutschland e.V. (VEBU)
Genthiner Straße 48, 10785 Berlin
www.vebu.de

Silke Bartsch: **Jugendesskultur. Bedeutungen des Essens für Jugendliche im Kontext Familie und Peergroup.** Forschung und Praxis der Gesundheitsförderung, Band 30. Bundeszentrale für gesundheitliche Aufklärung. (Kann innerhalb Deutschlands kostenfrei bei der BZgA bestellt werden.)
Adresse der BZgA:
Bundeszentrale für gesundheitliche Aufklärung
Ostmerheimer Straße 220
51109 Köln
www.bzga.de

Sabine Wilhelm: **Fühl dich schön! Ein Selbsthilfeprogramm bei Problemen mit dem Körperbild.** Aus dem Amerikanischen übersetzt von Irmela Erckenbrecht. Verlag Hans Huber.

Anonymes Beratungstelefon der Bundeszentrale für gesundheitliche Aufklärung (BZgA) für Fragen rund um Essstörungen und Adipositas (starkes Übergewicht). Hier erhalten Sie eine Erstberatung sowie Adressen, an die Sie sich wenden können.
Beratungstelefon der BZgA:
(02 21) 89 20 31 (Preis entsprechend der Preisliste Ihres Telefonanbieters für Gespräche in das Kölner Ortsnetz)

Die Autorin

Irmela Erckenbrecht lebt mit ihrer
Familie in Nörten-Hardenberg bei
Göttingen. Sie ist Autorin folgender
pala-Bücher:

- ▷ Querbeet – Vegetarisch kochen rund ums
  Gartenjahr
- ▷ Zucchini – Ein Erste-Hilfe-Handbuch für
  die Ernteschwemme
- ▷ Erbsenalarm!
- ▷ Das vegetarische Baby – Schwangerschaft, Stillzeit, Erstes Lebensjahr
- ▷ So schmeckt's Kindern vegetarisch
- ▷ Die Kräuterspirale
- ▷ Wie baue ich eine Kräuterspirale?
- ▷ Neue Ideen für die Kräuterspirale
- ▷ Rosmarin und Pimpinelle – Das Kochbuch zur Kräuterspirale
- ▷ Sichtschutz im lebendigen Garten (mit Rainer Lutter)
- ▷ American Veggie
- ▷ Der Spielgarten (mit Rainer Lutter)
- ▷ Vegane Menüs
- ▷ Probier's vegan

Zudem übersetzt Irmela Erckenbrecht Sach- und Kinderbücher sowie lite-
rarische Werke aus England, Irland und Nordamerika. Für dieses Buch hat
sie viel mit Jugendlichen geredet, geschnippelt und gekocht. Dabei wuchs
ihr Rezeptfundus um viele leckere Gerichte – und die Erkenntnis, dass
auch »die Jugend von heute« Spaß am Kochen hat.
Internet: www.erckenbrecht.de

Rezepte von A bis Z

Irmela Erckenbrecht:
Querbeet
ISBN: 978-3-89566-279-9

Irmela Erckenbrecht:
American Veggie
ISBN: 978-3-89566-297-3

Jutta Grimm:
Vegetarisch grillen
ISBN: 978-3-89566-301-7

Heike Kügler-Anger:
Vegane Brotaufstriche
ISBN: 978-3-89566-314-7

Günter Wagner, Uwe Schröder:
Essen Trinken Gewinnen
ISBN: 978-3-89566-251-5

Heike Kügler-Anger:
**Vegane Rohköstlichkeiten
aus dem Mixer**
ISBN: 978-3-89566-317-8

Nadja Schäfers:
**Histaminarm kochen –
vegetarisch**
ISBN: 978-3-89566-263-8

Simone Stefka:
Glutenfrei backen
ISBN: 978-3-89566-226-3

Gesamtverzeichnis bei:
pala-verlag, Rheinstraße 35, 64283 Darmstadt, www.pala-verlag.de

ISBN: 978-3-89566-321-5
© 2013: pala-verlag,
Rheinstraße 35, 64283 Darmstadt
www.pala-verlag.de
2. Auflage 2015
Alle Rechte vorbehalten

Umschlag- und Innenillustrationen: Renate Alf
www.renatealf.de

Abdruck der vegetarischen Ernährungspyramide (Seite 23) mit
freundlicher Genehmigung des Vegetarierbundes Deutschland e. V.
(Wissenschaftliche Konzeption:
Dr. Markus Keller und Prof. Dr. Claus Leitzmann)

Lektorat: Barbara Reis

Satz und Gestaltung: Verlag Die Werkstatt, Göttingen
www.werkstatt-verlag.de

Druck: fgb • freiburger graphische betriebe
www.fgb.de
Printed in Germany

Dieses Buch ist auf Papier aus
100 % Recyclingmaterial gedruckt
und klimaneutral produziert.

Id-Nr. 1544907
www.bvdm-online.de